Die gefährlichsten Berufe der Welt

arsEdition

Inhalt

Einleitung

Augen auf bei der Berufswahl!
Denn: Manche Arbeit ist
gefährlicher, als du denkst,
und kann deine Lebens-
erwartung drastisch senken. Von

vielen Jobs weißt du von vornherein, dass sie mit Gefahren
verbunden sind, und wirst in der Ausbildung entsprechend
darauf vorbereitet. Bei anderen kannst du dich urplötzlich in
einer brenzligen Situation befinden. Dann hilft dir dein Instinkt oft mehr als dein angelerntes Wissen. Oder du kannst
entkommen, weil Glück und Zufall dir zur Seite stehen.
Unachtsamkeit, deine eigene oder die deiner Kollegen, aber
auch Schludrigkeit und Routine können harmlos erscheinen-
de Beschäftigungen zur Todesfalle werden lassen – für dich
und andere. Einige Berufe bringen dich sogar erst um, wenn
du längst in Rente bist: Es gibt Langzeitfolgen, die nicht
zu unterschätzen sind. »Gefährliche Berufe« stellt dir die
risikoreichsten Tätigkeiten vor – entscheide selbst, wie viel
Nervenkitzel du später in deinem Arbeitsalltag spüren willst!

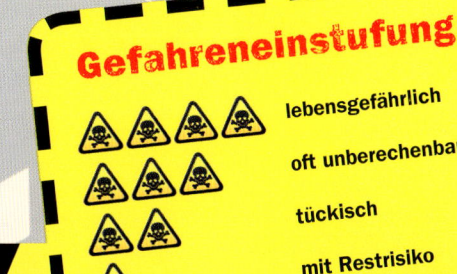

Gefahreneinstufung

☠☠☠☠ lebensgefährlich

☠☠☠ oft unberechenbar

☠☠ tückisch

☠ mit Restrisiko

Astronaut

Mit einem Raumschiff ins Weltall reisen, die Erde von außen betrachten, Schwerelosigkeit erfahren, spannende wissenschaftliche Experimente machen – Astronaut gilt als Traumberuf. Allerdings ist er nicht ohne Risiken: Der Himmelsritt geht mit hochexplosiven Triebwerken in menschenfeindliche Gefilde.

Für den Weg ins All brauchen die Raumfahrer starke Nerven. Beim Aufstieg in den erdnahen Weltraum muss die Schwerkraft der Erde überwunden werden. Die Beschleunigung presst die Astronauten dabei in ihre Sitze. Ihr Körper muss die dreifache Erdanziehung aushalten, ihr Blutdruck steigt rasant an.

Ohne Raumanzug hilflos

Schon beim Start tragen die Astronauten Helm, Kopfhörer und einen speziellen Anzug. Für Außeneinsätze außerhalb des Raumschiffs ist ein 100 kg schwerer Raumanzug im All überlebensnotwendig. Mit seinen 15 Schichten aus verschiedenen Materialien hält er einen Teil der Weltraumstrahlung ab und sorgt für einen Temperaturausgleich.

Tragisch!

24 Raumfahrer verloren bisher ihr Leben bei Reisen ins All. Als die Raumfähre Challenger 73 Sekunden nach dem Start am 28. Januar 1986 explodierte, starben sieben Astronauten. Genauso viele kamen bei der Rückkehr der Raumfähre Columbia am 1. Februar 2003 um. Deren Hitzeschild war bereits beim Start beschädigt worden und zerbrach beim Eintritt in die Erdatmosphäre.

Wie wird man Astronaut?

Entweder über eine Pilotenausbildung bei der Luftwaffe oder als Testpilot neuer Flugzeugtypen. Gute Chancen haben auch Wissenschaftler der Raumfahrttechnik, Biologen, Physiker oder Chemiker. Alle müssen bei bester Gesundheit sein und die Trainingsstunden in Druckkammern und Flugsimulatoren überstehen.

Sauerstoff im Rucksack

Im All gibt es keine Atmosphäre, also auch keine Luft zum Atmen. Die Sauerstoffversorgung der Raumfahrer ist nur in der Raumfähre und Raumstation gesichert. Bei Weltraumspaziergängen haben Astronauten einen Luftvorrat für mehrere Stunden in einem Rucksack. Er ist auch mit Raketendüsen bestückt, die Steuerung und Fortbewegung sichern. Zusätzlich sind die Astronauten an Raumfahrzeug oder Raumstation angeleint, damit sie in der Schwerelosigkeit des Alls nicht in die Unendlichkeit davontreiben.

Purer Stress

Einen kühlen Kopf brauchen Astronauten, wenn es in der Raumfähre oder -station zu Pannen kommt, eine Kollision mit Weltraumschrott droht oder ein Feuer ausbricht. Der Druck, unter dem die Raumfahrer bei ihrer außergewöhnlichen Arbeit stehen, ist enorm. Aber auch das Leben auf engstem Raum mit anderen sowie Langeweile kann psychisch auslaugen. Der Stress schwächt das Immunsystem der Astronauten. Oft haben sie auch mit Übelkeit, Appetitlosigkeit und Schwindelgefühlen zu kämpfen, alles Symptome für die Raumkrankheit. Sie wird durch die Schwerelosigkeit ausgelöst, die alle Vorstellungen von Raum, wie wir ihn auf der Erde kennen, aufhebt.

Bergarbeiter

Tief unter der Erde liegt der Arbeitsplatz der Bergarbeiter. Sie fahren in Minen hinab, um dort Rohstoffe – meist Kohle, aber auch Metalle – für die Industrie zu fördern. Die größte Gefahr besteht für die Kumpel darin, unter Tage verschüttet zu werden. Auch Explosionen und Brände fordern Tote. Weltweit sterben 12 000 Bergmänner im Jahr bei ihrer Arbeit, so die Schätzung einer internationalen Gewerkschaft von 2010. Oft sind die schlechte Ausstattung der Minen – vor allem in China und Südamerika –, die nicht genügend ausgebildeten Arbeiter und fehlende Sicherheitsvorkehrungen Ursache für die Unfälle in den Bergwerken.

Gefürchtet: Schlagwetter

Doch der Berg birgt auch unvorhergesehene Gefahren. So kann in den Stollen unter der Erde Grubengas wie Methan austreten. Vermischt es sich mit der im Bergwerk befindlichen Luft, die Kumpel bezeichnen sie als »Wetter«, genügt ein Funke, und alles explodiert. Seit es explosionssichere elektrische Lampen im Bergwerk gibt, kommt Schlagwetter seltener vor.

Glücklicher Ausgang

Im August 2010 verschüttete ein Bergschlag 33 Bergarbeiter der Kupfer- und Goldmine San José in Chile. Die ganze Welt verfolgte am Fernseher die Rettung der Männer mithilfe einer Rettungskapsel. Sie hatte einen Durchmesser von 53 cm und wurde durch einen 66 cm breiten Schacht gehievt. 69 Tage verbrachten die Eingeschlossenen im Bauch der Erde.

Gefahreneinstufung:
In den Minen außerhalb von
Europa ist der Tod immer dabei.

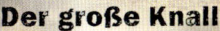

Der große Knall

Aufgewirbelter Kohlenstaub, der
aus winzigen brennbaren Teilchen
besteht, kann im Kontakt mit
Luftsauerstoff und einer – oft nur
winzigen – Zündquelle ebenfalls
hochgehen. Diese Kohlenstaubex-
plosionen sind äußerst zerstöre-
risch, da plötzlich die gesamte
Luft anfängt zu brennen, und
für Grubenunglücke mit vielen
Toten verantwortlich. In manchen
Bergwerken fehlen sogenannte
Wasservorlagen, die helfen,
Kohlenstaubteilchen mit Wasser
zu binden. Eine Kohlenstaubex-
plosion wird für das schwerste
Grubenunglück in Deutschland
verantwortlich gemacht. Dabei
starben am 20. Februar 1946 in
der Zeche Monopol Schacht Grim-
berg 3/4 beim Steinkohleabbau
405 Bergarbeiter in 930 m Tiefe.

Erdbewegungen

Eine weitere Gefahr im Berg-
bau ist der Gebirgs- oder Bergschlag. Durch Erdbewegungen,
Sprengungen oder die Arbeit der
Bergmänner baut sich Spannung
im Gestein ab. Entstehen dabei Risse in den unterirdischen
Felsschichten, können ganze
Stollen oder andere Hohlräume
einstürzen. Auf diese Weise
sind bereits viele Kumpel in den
Schächten lebendig begraben
oder erdrückt worden. Beim
Grubenunglück von Lengede im
Oktober 1963 kam die Gefahr von
oben: Ein Klärteich brach ein und
überschwemmte die Grube mit
Wasser und Schlamm.

Wie wird man Bergarbeiter?

Für eine Ausbildung zum/zur
Bergbaumechaniker/-in oder
-technologen/-technologin braucht man
in Deutschland einen Hauptschulabschluss oder die Mittlere Reife. Sie
dauert drei Jahre, Zugangsvoraus-
setzung ist eine Grubentaug-
lichkeitsuntersuchung.

Bodyguard

Sie riskieren ihr Leben, um das anderer Menschen zu schützen: Bodyguards oder Leibwächter. Sie tun dies zumeist im Auftrag eines prominenten Klienten, der sie über eine Sicherheitsfirma anheuert. Hochgefährdete Politiker oder andere Würdenträger werden von speziell ausgebildeten Polizisten bewacht.

Auffällig unauffällig begleiten die Herren oder Damen in Schwarz mit Sonnenbrille und Ohrknopf bekannte Persönlichkeiten bei ihrem Bad in der Menge oder auf dem Weg zu einer Veranstaltung. Dabei suchen ihre Augen unaufhörlich die nähere Umgebung des VIP nach möglichen Gefahren ab, sei es durch Menschen, Gegenstände oder besondere Vorkommnisse.

Immer dabei

Während Schauspieler und Popstars ihre Bodyguards nur für ein paar Stunden buchen, sind Leibwächter von Politikern rund um die Uhr gefordert: Sie haben ihn an seinem Dienstsitz im Auge, fahren ihn in gepanzerten Wagen nach Hause, wo sie ihn weiterhin bewachen, und sind bei Feiern, offiziellen Anlässen und sogar in den Ferien dabei.

Menschliche Schutzschilde?

Bodyguards müssen körperlich fit, intelligent und wachsam, zuverlässig und loyal sein sowie mit der Waffe umgehen können. Neben gutem Auftreten sind Nerven wie Drahtseile und Spürsinn gefragt, denn die Gefahr kann in jeder Sekunde wie aus dem Nichts kommen. Mit welchen Attacken zu rechnen ist, weiß vorher niemand. Mal regnet es rohe Eier oder faule

Eine eigene Schutzgarde

Für die persönliche Sicherheit des Papstes und den Schutz des Vatikans ist die Schweizergarde zuständig. Diese »Hauspolizei« aus 110 Mann – nur katholische männliche Schweizer – wurde vor über 500 Jahren von Papst Julius II. gegründet. Noch heute tragen sie traditionelle, altertümliche Uniformen und Waffen wie Hellebarden und Schwerter, sind aber auch mit modernen Pistolen und Sturmgewehren ausgerüstet.

Tomaten, aber auch Angriffe mit bloßen Fäusten, Messern oder Schusswaffen sind möglich. Von Bodyguards wird nicht verlangt, sich für die bewachte Person zu opfern. Beim Attentat auf Ronald Reagan am 30. März 1981 warf sich ein Secret-Service-Agent trotzdem in die Schusslinie. Eine Kugel traf den damaligen US-Präsidenten dennoch – ein Querschläger war vom Auto abgeprallt.

Wie wird man Bodyguard?

An einem sechsmonatigen Personenschutzlehrgang für den normalen Sicherheitsdienst kann eigentlich jeder ab 18 Jahren teilnehmen. Die Arbeit staatlicher Personenschützer ist rechtlich geregelt und nur über eine Kommissarlaufbahn beim Bundeskriminalamt zugänglich.

Große Verantwortung

Als Bundeskanzler soll Helmut Kohl sich oft einen Spaß daraus gemacht haben, seinen Leibwächtern zu entwischen. Da er in diesem Amt der höchsten Gefährdungsstufe unterlag, hat das unter den Bodyguards sicher zu erheblicher Unruhe geführt.

Personenschützer machen sich bei Auslandsreisen eines Politikers oder einer Politikerin Wochen vorher ein Bild von der Gefahrensituation, mit der in dem Land zu rechnen ist, und stimmen entsprechende Sicherungsmaßnahmen ab.

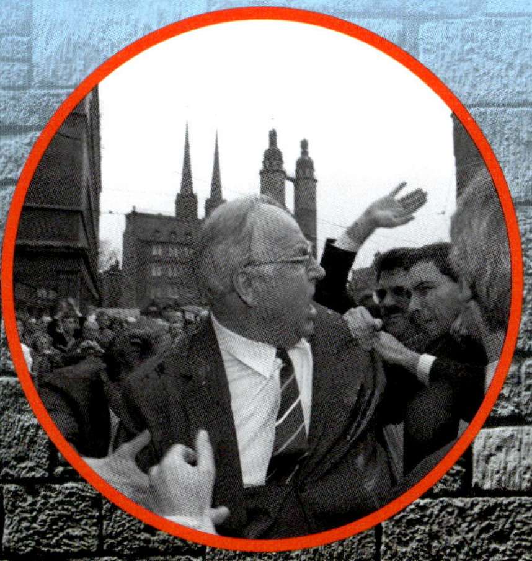

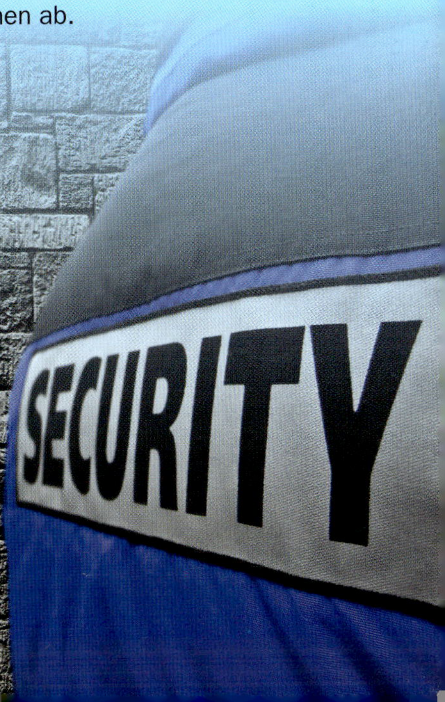

Bohrinselarbeiter

Abgeschnitten von der Außenwelt, auf einer Stahl-Beton-Plattform irgendwo auf wogender See, An- und Abreise per Hubschrauber – eine Bohrinsel ist kein ganz alltäglicher Arbeitsplatz. Gebohrt wird nach Erdgas und -öl, beides Rohstoffe, die Explosionen und Brände auslösen können.

Brandschutzwände sollen auf den Öl- oder Gas-plattformen Feuer eindämmen helfen. Beim bisher größten Unglück auf einer Bohrinsel, der schottischen »Piper Alpha«, am 6. Juli 1988 mit 167 Toten schützten sie die Menschen nach einer Gasexplosion für kurze Zeit. Den Rauch konnten sie nicht abhalten. Einige Männer retteten sich mit einem 30 m tiefen Sprung ins Meer. Die Plattform in der Nordsee brannte noch drei Wochen weiter, bevor sie der legendäre Feuerwehrspezialist Red Adair und seine Mannschaft löschen konnten.

Knick im Tragwerk

Säulen verankern die Bohrinsel auf dem Meeresgrund oder verbinden sie mit Auftriebskörpern, die die Plattform unter Wasser tragen. Sind die Strebpfeiler zwischen den Stützen marode oder werden sie durch eine Explosion zerstört, kann die Bohrinsel Schlagseite bekommen oder vollständig kentern. Bei einem solchen Unglück kippte im März 1980 die Plattform »Alexander L. Kielland« in die Nordsee und riss 123 Bohrarbeiter in den Tod.

Wie wird man Bohrinselarbeiter?

Für die Arbeit auf einer Öl- oder Gasplatt-form werden Fachkräfte, wie Ingenieure, Petrophysiker, Geologen, aber auch Schweißer, Elektriker oder Köche sowie Hilfskräfte von den Bohrgesellschaften eingestellt. Bewerber müssen mindestens 18 und höchstens 50 Jahre alt sein sowie körperlich und geistig fit.

Gefahreneinstufung:
Mit Katastrophen muss jederzeit gerechnet werden.

Blowout!

Bei der Bohrung nach Öl und Gas können die Bohrarbeiter auf eine Gas- oder Flüssigkeitsblase treffen,
die unter hohem Druck steht. Gelingt es nicht, mit
Gegendruck dagegen anzusteuern, kommt es zum
gefürchteten Blowout: Erde und Schlamm aus dem
Bohrloch werden herausgeschleudert, Gas oder
Erdöl treten ungehindert in großen Mengen aus. Ein
Funke genügt, und die Bohranlage explodiert, wie
im April 2010 auf der Deepwater Horizon im Golf von
Mexiko. Elf Menschen starben – 80 000 l Öl flossen
bis zum Juli 2010 jeden Tag ins Meer.

Stürme und Monsterwellen

Starke Stürme können Monsterwellen auslösen, deren unge-
heure Kraft selbst eine riesige
Bohrinsel erheblich beschädigen
und sinken lassen kann. Das
geschah im Februar 1982 vor
der Küste Neufundlands mit der
»Ocean Ranger«. Keines der 84
Besatzungsmitglieder überlebte.

Auf Kollisionskurs

Zusammenstöße der Plattformen
mit Versorgungs- oder Tankschiffen
sind eine weitere Gefahr, mit der
Bohrinselarbeiter rechnen müssen.
Im Oktober 2007 prallten sogar
zwei Ölplattformen aufeinander
– Sturmböen und hoher Wellen-
gang im Golf von Mexiko hatte sie
zusammengetrieben. Dabei gab es
18 Tote, 61 Menschen
konnten gerettet
werden. Einige
hatten sich in
Rettungs-
boote ge-
flüchtet,
andere waren
in die raue
See gesprungen
und wurden von
Hubschraubern und
Schiffen aufgenommen.

Dachdecker

Abstürze sind die häufigste Todesursache bei Dachdeckern. Ein falscher Schritt auf dem Dachstuhl, der Verzicht auf Sicherungsmaßnahmen, wie Seile, Fangnetze oder Absturzgitter, können fatale Folgen haben. Kein Wunder, dass Versicherungen das Handwerk den »gefahrengeneigten Berufen« zuordnen.

Werden für die Arbeiten am Dach Laufstege angebracht, dürfen diese nicht verlassen werden. So manch einer, der seinen Fuß versehentlich neben diese Bohlen setzte, rauschte im freien Fall in die Tiefe. Dachdecker haben auch mit dem Wetter zu kämpfen: Regen macht das Arbeiten auf dem Dach zu einer rutschigen Angelegenheit. Auch Windböen haben ihre Tücken und können den Dachdecker gefährlich ins Wanken bringen.

Nicht durchbruchsicher

Wer denkt, nur steile Hausdächer sind unfallträchtig, der irrt. Bei Flachdächern muss deren Tragfähigkeit bedacht werden. Plastik oder andere Baustoffe scheinen oft stabiler, als sie tatsächlich sind. Manche Baumaterialien sind auch mit der Zeit brüchig geworden und geben bei Belastung auf nur einem Punkt ebenso nach wie Oberlichter, Lüftungskanäle oder Glasdächer.

Frührentner

Dachdecker hatten nach einer Statistik des Map-Reports von 2008 mit ca. 52 Prozent den höchsten Anteil an der Erwerbsunfähigkeitsrente. Das bedeutet, sie schieden oft vor der eigentlichen Rente aus dem Berufsleben aus, meist wegen eines Unfalls mit schlimmen Folgen. 28 Prozent der Dachdecker erlebten den Renteneintritt erst gar nicht, ihre Rente wurde an Hinterbliebene ausgezahlt.

Langzeitfolgen

Viele Dachdecker sorgen auch für die Abdichtung und Wärmedämmung der Dächer. Dabei kommen sie mit Giftstoffen in Berührung. Sicherheitskurse vermitteln den Umgang damit, ihre richtige Lagerung sowie Schutzvorschriften und die Einleitung von Erste-Hilfe-Maßnahmen. Als »vergessene Gefahr« lauert im Dämmmaterial vieler älterer Häuser das gefährliche Asbest. Es kann bei Modernisierungsarbeiten durch den Dachdecker freigesetzt werden und

führt mit seinen winzigen Fasern zu Lungenkrebs. Zum Berufsrisiko von Dachdeckern zählt auch der helle Hautkrebs. Da sie viel im Freien und oft ohne Sonnenschutz arbeiten, sind sie der UV-Strahlung besonders ausgesetzt, die für diese Krebsart verantwortlich gemacht wird.

Wie wird man Dachdecker?

Die Ausbildung zum Dachdecker dauert drei Jahre. Voraussetzung ist ein Haupt- oder Realschulabschluss. Der Auszubildende sollte handwerklich begabt, körperlich fit sein und keine Höhenangst haben.

Gemeine Attacken

Eine eher seltene Gefahr, die aber einigen Dachdeckern bereits begegnet ist, ist der Angriff von Wespen! Oft kommt der Handwerker diesen Insekten unabsichtlich in die Quere, weil er etwa eine Dachrinne reparieren will. Stößt er dabei zufällig auf ein Wespennest, können sich dessen Bewohner gestört fühlen und stechen zu. Vor Schreck und durch den plötzlichen Schmerz kann der Dachdecker aus der Balance geraten und seinen Halt verlieren.

Elektroniker

Der Umgang mit Elektrizität erfordert bestimmte Schutzvorkehrungen. Mit ihnen werden Elektroniker während ihrer Ausbildung bekannt gemacht, um so Stromunfälle zu vermeiden. Meist ist es die Nichtbeachtung der vorgeschriebenen Sicherheitsregeln, die zu tödlichen Verletzungen führt.

Zu den Hauptursachen für Stromschläge, die Elektroniker erleiden, gehört das unbeabsichtigte Berühren einer Stromleitung, da sie nicht erkennbar abgedeckt oder anders gesichert wurde. Auch ungenügende Absprache mit Kollegen kann ein böser Fehler sein: So kann es passieren, dass ein Elektroniker anfängt, an einer Anlage zu arbeiten, die nicht abgeschaltet wurde!

Nieder- oder Hochspannung

93 Prozent aller Unfälle erleiden Elektroniker bei Arbeiten im Niederspannungsbereich (bis 1000 Volt), sie enden aber selten tödlich. Stromschläge durch Hochspannung (ab über 1000 Volt) kommen zwar nur zu sieben Prozent vor, doch mehr als die Hälfte aller tödlichen Arbeitsunfälle geschehen im Umgang mit Hochspannungsanlagen. Welche Schäden drohen, hängt auch davon ab, wie lange der elektrische Strom durch den Körper fließt, wo er in den Körper gelangt und ob es sich um Gleichstrom oder Wechselstrom handelt. Im Niedervoltbereich kann Herzkammerflimmern Wiederbelebungsmaßnahmen erfordern. Im Hochvoltbereich kann es zum sofortigen Tod kommen oder das Stromschlagopfer stirbt später an den starken inneren und äußeren Verbrennungen.

Wie wird man Elektroniker?

Nach dem Schulabschluss (Haupt-, Realschule, Gymnasium) folgt eine dreieinhalbjährige Ausbildung. Ab dem zweiten Lehrjahr kann man sich spezialisieren, auf Elektroberufe im Handwerk oder in der Industrie.

Gefahreneinstufung:
Erfahrung schützt nicht vor Gefahr –
wachsam sein heißt am Leben bleiben.

Fünf goldene Regeln

Stromunfälle gehen meist auf Verstöße gegen die fünf Sicherheitsregeln zurück: 1. Die Anlage muss »freigeschaltet« sein, darf also nicht mehr unter Strom stehen, 2. Sie muss gegen Wiedereinschalten gesichert werden, 3. Der Elektroniker muss selbst prüfen, ob die Anlage noch unter Spannung steht, 4. Erden und kurzschließen, damit sich benachbarte Leitungen nicht aufladen. 5. Benachbarte, unter Spannung stehende Teile abdecken oder abschranken.

Hochspannung
Lebensgefahr

Störlichtbogen

Ein schwerer Kurzschluss an einer Hochspannungsanlage kann einen Lichtbogen auslösen. Dabei knallt es nicht nur extrem laut, sondern es entstehen auch sehr helles Licht und Temperaturen von bis zu 20 000 °C. Metall in der Nähe beginnt zu schmelzen, zu spritzen und es bricht Feuer aus. Lichtbogenunfälle enden meist tödlich, da die Haut oft großflächig verbrennt.

Kleidung als Schutz

Arbeitshose mit langem Bein sowie Hemd und Arbeitsjacke mit langen Ärmeln gehören zur Grundausstattung eines Elektronikers. Die Kleidung sollte jedoch auch schwer entflammbar sein und nicht weiterbrennen. Normale

Kunstfasern sind ungeeignet, da sie schmelzen und auf der Haut verheerenden Schaden anrichten. Isolierende Handschuhe mit Unterarmschutz, isolierende Schuhe sowie ein Helm mit Gesichtsschutz helfen, Verbrennungen zu verringern oder zu verhindern.

Fensterputzer

Wer hätte das gedacht? Der gefährlichste Beruf der Welt ist … Fensterputzer. Das jedenfalls geht aus einer Liste der zehn risikoreichsten Tätigkeiten hervor, die eine englische Versicherung im April 2011 veröffentlicht hat. Die Arbeit dieser Gebäudereiniger endet am häufigsten tödlich.

Betroffen sind vor allem die Fensterputzer, die hoch hinaus müssen, weil sie die Hochhaus-Glasfronten von Schmutz befreien. Dazu steigen sie meist in Außenkörbe, die an einer Führungsschiene vom Dach eines Wolkenkratzers herabhängen. Diese Gondeln werden mit der Hand gesteuert, nach unten, nach oben, nach rechts und nach links.

In den Seilen hängen

Es gibt aber auch Gebäude, an denen keine Schwebeplattform befestigt oder kein Gerüst genutzt werden kann. Dann heißt es für den Fensterputzer Sicherheitsgurt anlegen und sich wie ein Bergsteiger abseilen. Allerdings steht ihm dabei eine kleine Sitzfläche zur Verfügung, an die er auch seine Putzmittel klemmen kann.

Wie wird man Fensterputzer?

In Deutschland kann man sich zum Gebäudereiniger ausbilden lassen, wozu auch die Tätigkeit als Fensterputzer gehört. Die Ausbildung dauert drei Jahre.

Der lange Weg nach unten

Wer in solch luftigen Höhen arbeitet, muss sich auf den einwandfreien Zustand der Haltekabel des Außenlifts und der Gurtsicherung verlassen können. Wenn sie reißen, fällt der Fensterputzer tief und meist auf steinharten Boden. Die Überlebenschancen sind gleich null. Obwohl es auch Ausnahmen gibt: So verunglückten 2007 zwei Fassadenreiniger in New York, als die Mechanik ihrer Plattform versagte und sie 144 m hinabstürzten. Einer der Arbeiter wurde aus der Gondel geschleudert und starb. Der andere krachte mit dem Arbeitskorb auf die Straße und überlebte – allerdings schwer verletzt. Auch starke Windböen können Fensterputzer nach unten fegen – deshalb ist eine gute Sicherung ungeheuer wichtig.

Putzorgie

160 Stockwerke mit über 24830 Fenstern besitzt der Burdsch Chalifa in Dubai. Um sie auf Hochglanz zu bringen, hat eine australische Firma zwölf spezielle Gerüste entwickelt, die auf Schienen an der Fassade entlanglaufen. In jeder Vorrichtung finden drei Fensterputzer Platz. Drei Monate dauert es, um die 120 000 m² Glasfront des mit 828 m höchsten Gebäudes der Welt zu reinigen.

Der Schritt ins Leere

Vorsicht ist auch geboten, wenn die Fensterputzer Reinigungsarbeiten auf Glasdächern ausführen. Beim Balancieren auf den meist schmalen und oft ungesicherten Dachabgrenzungen ist höchste Aufmerksamkeit gefordert, damit es nicht zum Absturz kommt. Tödlich kann es enden, wenn keine Bretter über die Glasdächer gelegt werden. Arbeitet der Fensterputzer direkt auf den Glasscheiben, können diese brechen, die scharfen Glaskanten das Sicherheitsseil zerschneiden.

Feuerwehrmann

Zur Hauptaufgabe von Feuerwehrmännern gehört die Brandbekämpfung. Sie werden aber auch bei Unfällen mit Gefahrgut gerufen sowie bei Explosionen, Natur- oder Umweltkatastrophen. Deshalb sind die Gefahren, denen die Einsatzkräfte plötzlich gegenüberstehen können, ganz unterschiedlich. Entstehen bei einem Brand Rauch und werden giftige Stoffe freigesetzt, tragen die Feuerwehrmänner belm Löschen neben Helm, Schutzanzug, -handschuhe und -stiefel auch Atemschutzgeräte. Durch das Feuer können Gebäude einstürzen. Die Bergung vermisster Personen aus den brennenden Häusern ist also mit einem Risiko für Leib und Leben verbunden.

Gefahrgutunfälle

Auf Autobahn, Schiene und Wasserstraßen werden in Tanks oder Kesseln Gefahrgüter transportiert. Das sind Stoffe, die brennbar, explosiv, ätzend, giftig oder auf andere Art umweltgefährlich sein können. Bei LKW-, Zug- oder Schiffsunfällen mit Gefahrgütern müssen die Feuerwehrleute in Erfahrung bringen, womit sie es zu tun haben. Manche Stoffe explodieren oder entzünden sich,

wenn sie mit Wasser oder Luft in Berührung kommen, weshalb dann spezielle Löschmethoden angewendet werden. Drohen Tanks oder Kessel zu bersten, wird versucht, diese herunterzukühlen, wofür sehr viel Wasser benötigt wird. Gelingt die Kühlung nicht, droht ein Inferno durch die Explosion in einem riesigen Feuerball.

Wie wird man Feuerwehrmann?

Hauptschulabschluss, deutsche Staatsanghörigkeit, körperliche Fitness und handwerkliches Geschick sind Voraussetzung für die Aufnahme in die Berufsfeuerwehr. Die Grundausbildung dauert ca. zwei Jahre, Kurse sorgen für ständige Weiterbildung. Mitglied bei der Freiwilligen Feuerwehr kann man je nach Bundesland mit 16 oder 18 Jahren werden.

Waldbrandbekämpfung

Vor allem in den USA und Kanada gibt es Feuerspringer, die mit dem Fallschirm im Brandgebiet abspringen. Sie versuchen mit Spaten und Hacken eine Brandschneise zu schlagen und so das Feuer zu stoppen. Schließt das Feuer sie ein, wird es brenzlig! Letzte Rettung bietet ein Feuerschutz-Zelt, das Temperaturen von bis zu 900 °C übersteht.

Tief im Wasser

Bei viel Regen pumpt die Feuerwehr Keller leer oder sichert Dämme mit Sandsäcken. Einige Feuerwehrmänner sind zusätzlich als Taucher ausgebildet. Sie helfen bei der Rettung von Menschen, die ins Eis eingebrochen sind, suchen Vermisste nach Hochwassern, Badeunfällen oder Schiffsunglücken und bergen Gegenstände. Manchmal müssen sie auf ihren Tauchgängen auch leckgeschlagene Schiffe oder Tanks abdichten, damit keine Schadstoffe ins Wasser gelangen.

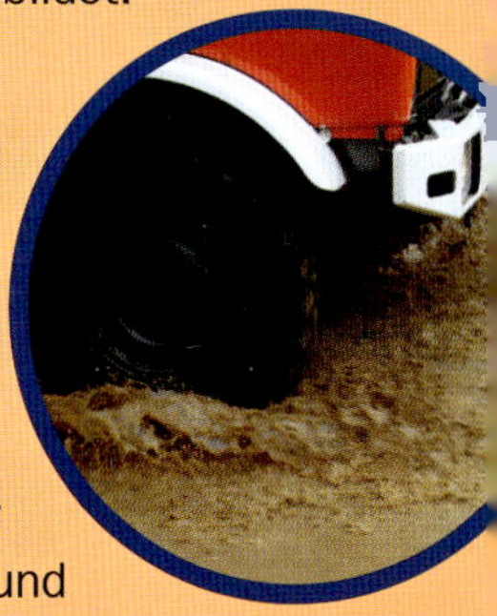

Unglaublich!

Löschspezialist Red Adair

Er löschte die gefährlichsten Großbrände in aller Welt – der Amerikaner Paul Neal Adair (1915–2004), genannt Red. 1962 war es z. B. eine Gasquelle in Algerien, die seit sechs Monaten brannte, 1988 die Ölplattform »Piper Alpha«, und 1991 nach Ende des Golfkriegs kamen die Ölquellen in Kuwait dazu. Dabei entwickelte Adair ungewöhnliche Löschmethoden, etwa gezielte Sprengstoffexplosionen, um dem Brand Sauerstoff zu entziehen.

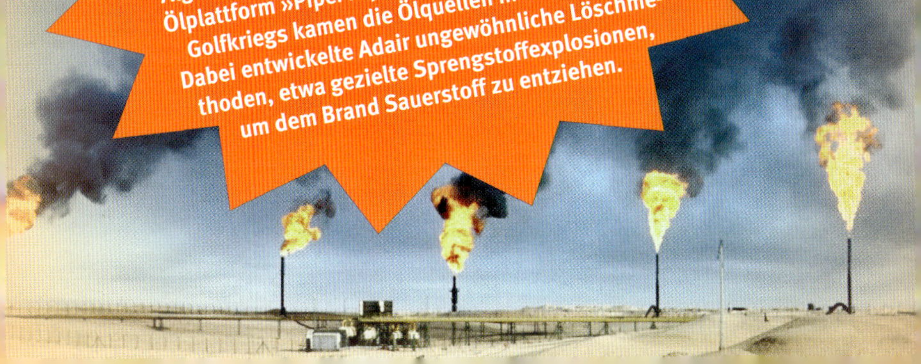

Formel-1-Pilot

Mit Spitzengeschwindigkeiten von über 360 km/h liefern sich die Rennfahrer der Formel 1 auf kurvigen Strecken Wettkämpfe. Diese fahrtechnisch begabten Draufgänger loten in ihren hochgerüsteten

Wagen die Grenzen des Machbaren aus. 26 von ihnen sind dabei bisher tödlich verunglückt, weitere starben bei Trainings und Qualifikationen.

Die meisten Todesopfer bei offiziellen Formel-1-Rennen gab es zwischen 1954 und 1969 auf dem Nürburgring, wo fünf Fahrer ihr Leben ließen. Auf Platz zwei liegt mit drei Toten zwischen 1961 und 1978 die Rennstrecke im italienischen Monza. Die Gefahr macht einen Teil der Faszination des Rennsports aus – für die Fahrer, aber auch für das Publikum.

Schwere Karambolagen

Der Zusammenstoß mit einem anderen Rennwagen kostete im September 1961 den deutschen Rennfahrer Wolfgang Berghe von Trips auf dem Nürburgring das Leben. Beim Großen Preis von Afrika stieß der Waliser Tom Pryce mit zwei Streckenposten zusammen, die an einer unübersichtlichen Stelle ein liegen gebliebenes Fahrzeug löschen wollten. Der 20 kg schwere Feuerlöscher verletzte den Formel-1-Piloten tödlich am Kopf.

Posthum Weltmeister

Das Abschlusstraining in Monza wurde Jochen Rindt am 5. September 1970 zum Verhängnis. Wegen dem Bruch der rechten Bremswelle schleuderte er mehrmals in die Leitplanken. Da er – aus Angst vor einem Feuerunfall – nicht richtig angeschnallt war, wurden Luftröhre und Brustkorb eingedrückt. Jochen Rindt starb, wurde aber nach seinem Tod noch zum Weltmeister erklärt, da kein anderer Fahrer der Saison mehr Punkte als er erringen konnte.

Gefahreneinstufung:

Motorsport war und ist riskant
und wird es auch immer bleiben.

Tödliche Defekte

Versagt die Technik im Rennwagen, hat der Fahrer oft keine
Chance. Ayrton Senna, einer
der größten Rennsportathleten
des 20. Jahrhunderts, raste
am 1. Mai 1994 mit 300 km/h
unkontrolliert in die Beton-
mauer der Tamburello-Kurve der
Rennstrecke in Imola. Schuld
war vermutlich der Bruch der
Lenksäule. Senna starb, weil
das rechte Vorderrad des
Wagens abriss und sich eine
Strebe der Radaufhängung bei
dem Crash durch den Helm
hindurch in seinen Kopf bohrte.

Wie wird man Formel-1-Pilot?

Geld und Talent sind die wichtigsten
Voraussetzungen für eine Karriere in der
Formel 1. Wer, wie Michael Schumacher,
in jungen Jahren Erfahrung bei vielen
Rennen sammeln und Sponsoren gewin-
nen kann, hat gute Chancen, später
die Superlizenz zu bekommen:
Ohne sie darf kein Rennfahrer
in der Formel 1 starten.

Am Vortag war schon der Österreicher Roland Ratzenberger
auf derselben Strecke tödlich
verunglückt. Der Frontflügel
seines Wagens war gebrochen,
das Auto ebenfalls nicht mehr
lenkbar.

Opfer der Flammen

Fast 200 l Benzin befinden sich
im Tank eines Rennwagens. Läuft
es bei einem Unfall aus und ent-
zündet sich, kann das Fahrzeug
in Flammen aufgehen. Wird nicht
rechtzeitig gelöscht, verbrennt
der Formel-1-Pilot bei lebendigem
Leib, wie etwa der Brite Roger
Williamson beim Großen Preis der
Niederlande im Juli 1973. Niki
Lauda verunglückte beim Großen
Preis von Deutschland im August
1976. Er konnte recht schnell aus
dem brennenden Wrack gezogen
werden. Er erlitt lebensgefährliche
Verbrennungen – aber er überlebte.

Geheimagent

So ein bewegtes, abenteuerliches Leben, wie es James Bond in den gleichnamigen Filmen führt, haben echte Geheimagenten wohl eher selten. Menschen, die beim Geheim- oder Nachrichtendienst arbeiten, sammeln Informationen – hauptsächlich vom Schreibtisch aus. Doch es gibt auch gewagtere Unternehmungen.

Spione tragen nicht nur wichtige Hinweise durch das Abhören und Aufzeichnen von Telefonen oder Funkverbindungen oder die Überwachung des Brief- oder E-Mail-Verkehrs zusammen. Sie beobachten Zielpersonen heimlich Tag und Nacht, fotografieren oder filmen sie. Oder der Geheimdienst schleust sie in verdächtige Gruppen oder ein feindliches Land ein, damit sie so an geheimes Material kommen.

Verhör oder Folter?

Fliegt ein Agent während einer verdeckten Operation auf, braucht er ein gutes Nervenkostüm und eine stabile körperliche Verfassung, um die Verhöre durchzustehen. Dabei wird er von seinen Gegnern nicht nur vernommen oder an einen Lügendetektor angeschlossen. Sie versuchen auch, ihn mit Schlafentzug, Aushungern oder noch drastischeren Maßnahmen, die an Folter grenzen, mürbezumachen.

Verdeckte Operationen

Agenten lernen mit der Waffe umzugehen. In manchen Abteilungen des Geheimdienstes werden sie für die Terrorismusbekämpfung ausgebildet sowie für Einsätze in Krisengebieten, die fast militärischer Natur sind. Bei verdeckten Operationen, die dem Bundesnachrichtendienst (BND) auf deutschem Boden nicht erlaubt sind, unterstützen Geheimdienste Guerillatruppen oder andere politische Gegner in manchen Staaten. Auf diese Weise tragen sie im Stillen zum Sturz eines unliebsamen

Gefahreneinstufung:
Agenten im Außendienst
leben gefährlich.

Wie wird man Geheimagent?

Der Nachrichtendienst nimmt meist den Kontakt auf. Dann folgen Eignungstest und Überprüfung des familiären Hintergrunds. Fallen diese positiv aus, beginnt die Ausbildung, die mit einem Diplom abgeschlossen wird. Bei allem ist Stillschweigen oberstes Gebot.

TOP SECRET
CONFIDENTIAL

Der frühere KGB-Agent Alexander Litwinenko wurde am 1. November 2006 in einem Londoner Hotel mit radioaktivem Polonium-210 vergiftet. Er hatte sich dort mit russischen Geschäftsleuten und einstigen KGB-Mitarbeitern getroffen. Litwinenko starb 22 Tage später an den Folgen der Strahlenkrankheit.

Regierungschefs bei. Oder sie sind an der Befreiung von Geiseln beteiligt. Bei solchen Einsätzen hat so mancher Agent sein Leben verloren.

Gift als Waffe

Agenten müssen nicht nur vor Gegenspionen auf der Hut sein: Steigen sie aus dem Geheimdienst aus oder laufen sie zur Gegenseite über, werden ihre ehemaligen Kollegen zur Bedrohung.

Die berühmteste Spionin der Welt

Ihr Deckname lautete H 21, bekannt wurde die Niederländerin Margaretha Geertruida Zelle jedoch unter ihrem Künstlernamen Mata Hari. Sie trat ab 1905 als Tänzerin in Paris auf und feierte Erfolge in Wien und Berlin. 1914 warb der deutsche Geheimdienst sie an, damit sie in Frankreich spionierte. Später war sie auch Agentin des französischen Nachrichtendienstes. Wegen Doppelspionage und Hochverrats wurde sie am 15. Oktober 1917 hingerichtet.

Gerüstbauer

Muss ein Haus gestrichen, Brücken, Hochhäuser, Kirchen oder auch Denkmale und Fernsehtürme saniert werden, sind die Gerüstbauer zur Stelle. Sie errichten Hilfskonstruktionen aus Metall und Holz, von denen aus die Arbeiten an den Gebäuden ausgeführt werden. Als Gefahr immer dabei: ein möglicher Absturz.

Vom Gerüst zu fallen und sich dabei schwere oder sogar tödliche Verletzungen zuzuziehen, gehört zum Berufsrisiko der Gerüstbauer. Ein Unfall dieser Art passiert besonders häufig, und zwar zu 30 Prozent, beim Auf-, Um- und Abbau des Gerüsts und meist aus Absturzhöhen von über 3 m. Oft lässt er sich auf organisatorische Versäumnisse zurückführen.

Wenig Unfallvorbeugung

Werden beim Aufbau des Gerüsts Planung und Vorbereitung sowie sicherheitstechnische Maßnahmen von Unternehmen, Aufsichtsführenden vor Ort und den Gerüstbauern selbst vernachlässigt, steigt das Unfallrisiko. Nicht immer wird das Gerüst nach Auf- oder Umbau auf seine Stand- und Betriebssicherheit geprüft. Auch Geländer, Seitenschutz oder eine persönliche Schutzausrüstung für Gerüstbauer sind nicht Standard.

Tückische Fallen

Wer einen hoch gelegenen Arbeitsplatz hat, kann sich Unachtsamkeit kaum erlauben. Selbst kleine Schludereien können sich bitter rächen. Wer Gegenstände auf dem Gerüstweg ablegt, ohne sie deutlich zu markieren, sorgt für Ungemach. Ein Gerüstbauer, der nicht mit diesem Hindernis rechnet, kann darüberstolpern, das Gleichgewicht verlieren und zu Tode stürzen. Gefahren bergen auch die hölzernen Bordbretter

Wie wird man Gerüstbauer?

Für den Beruf des Gerüstbauers ist keine besondere schulische Ausbildung nötig. Bewerber sollten jedoch handwerklich geschickt, schwindelfrei und körperlich fit sein.

der Fassadengerüste: Sie können brechen, wenn sie zu stark
belastet werden. Wild darauf
herumzuspringen oder zu schwe-
res Material auf ihnen abzulegen
ist nicht ratsam, wenn einem das
Leben lieb ist.

Einsturzgefahr

Heftiger Wind hat schon so man-
ches Gerüst einstürzen lassen.
Die Gefahr ist besonders groß,
wenn die Aufbauten mit Planen
oder Riesenplakaten verhängt
sind. Wird nicht vorher geprüft, ob
das Gerüst dann noch dem Wind-
druck gewachsen ist, kann das
zum Unglück führen. In manchen
Fällen haben Gerüste unter der
Wucht von Dachlawinen nachgege-
ben. Stürzen Gerüstbauer mit ab,
kann das tonnenschwere Material
sie begraben und sie darunter
erdrückt werden.

Gerüste aus Bambus

In vielen asiatischen Ländern kommen
im Baugewerbe Gerüste aus Bambus zum
Einsatz. Sie können bis zu 80 Stockwerke
hoch werden, sind einfach zu montieren,
haben ein geringeres Gewicht als Stahl und
sind doch enorm standfest sowie umwelt-
freundlich. Die Bambusgerüste, die mit
Seilverbindungen aufgebaut werden,
halten sogar bei Erdbeben und
Taifunen stand.

Gleisarbeiter

Gleisarbeiter verlegen Schienen und Weichen, warten oder reparieren sie. Sie arbeiten bei jeder Witterung, oft nachts oder an Feiertagen, wenn weniger Züge unterwegs sind. Warnwesten und Lampen gehören dabei zur Ausrüstung, denn: Wer nicht rechtzeitig gesehen wird, kann unter die Räder kommen.

Insbesondere im Winter werden Gleisarbeiter als Notfallteam eingesetzt, wenn etwa eine Weiche eingefroren ist und enteist werden muss. Über diese außerplanmäßigen Einsätze soll die Sicherheitsleitung der Bahn, S- oder U-Bahn die Lokführer informieren. Unterbleibt das, rasen die Züge mit herkömmlicher Geschwindigkeit auf die Baustelle zu – mit fatalen Folgen!

Augen und Ohren auf

Da es schwer ist, gleichzeitig an den Schienen zu arbeiten und darauf zu achten, ob sich ein Zug nähert, wird einer der Gleisarbeiter zum Sicherungsposten erklärt. Er warnt seine Kollegen, damit sie rechtzeitig aus dem Gleisbett springen können. Allerdings gilt diese Aufgabe als sehr ermüdend, weshalb die Aufmerksamkeit mit der Zeit nachlassen kann.

Alles übertönen

Um ihre Kollegen vor herannahenden Gefahren zu warnen, setzen die Sicherungsposten Warninstrumente ein. Herrscht an der Baustelle nur wenig Lärm, weil keine lautstarken Maschinen oder Geräte eingesetzt werden, blasen sie in ein Mehrklangsignalhorn. Eine größere Reichweite hat das sogenannte Typhon mit größeren Hörnern, das per CO_2-Zufuhr betrieben wird. Beide Warnmittel erzeugen Töne, die sich deutlich vom üblichen Maschinenlärm unterscheiden.

Gefahreneinstufung:
Sehen und gesehen werden
kann hier lebensrettend sein.

Wie wird man Gleisarbeiter?

Drei Jahre dauert die Ausbildung zum Gleisbauer/zur Gleisbauerin. Sie kann nach dem Haupt- oder Realschulabschluss begonnen werden und findet abwechselnd in einem Betrieb und an der Berufsschule statt.

Abstand halten

Bemerkt ein Lokführer die Gleisarbeiter rechtzeitig und warnt sie per Signalhorn oder leitet eine Notbremsung ein, ist die Gefahr noch nicht gebannt. Nur die Gleise zu verlassen, gewährleistet noch keine Sicherheit. Der Abstand zum Zug muss relativ groß sein. Ist er es nicht, kann zum Beispiel der bei manchen S-Bahnen herausragende Stromabnehmer den Arbeitern einen tödlichen elektrischen Schlag versetzen. Nicht unterschätzt werden darf die Sogwirkung von Schnellzügen: Bei hohen Geschwindigkeiten kann sie den fliehenden Gleisarbeiter erfassen und gegen oder unter die Waggons drücken, wenn er sich nicht weit genug von den Schienen entfernt hat.

Tödlicher Irrtum

Gleisarbeiter, die im U-Bahnbereich arbeiten, erfahren von der Leitstelle, welche Gleise sie betreten dürfen. Diese werden eine Zeit lang für den Zugverkehr gesperrt. Irrt sich der Arbeiter und betritt die nicht gesperrten Schienen im Tunnelbereich, hat er kaum noch Ausweichmöglichkeiten. Da der U-Bahn-Fahrer nicht mit Personen auf den Gleisen rechnet, wird er nicht rechtzeitig bremsen können. Der Gleisarbeiter gerät unter den Triebwagen und wird mitgeschleift.

Haiforscher

Wer begibt sich denn freiwillig unter Haie? Einige Biologen, die sich auf die Erforschung dieser Meeresbewohner spezialisiert haben, wagen es. Denn sie wissen, Hai ist nicht gleich Hai. Manche Arten sind gefährlicher als andere. Und: Ein Hai beißt erst zu, wenn er sehr gereizt wurde. Das heißt aber nicht, dass diese Tiere harmlos sind. Durchschnittlich 50–75 Hai-Unfälle im Jahr sprechen für sich. Rund 15 Prozent davon gehen tödlich aus, die restlichen 85 Prozent enden mit schwersten Verletzungen und bleibenden Schäden. Schwimmer und Taucher werden am häufigsten angegriffen, die meisten in Florida und Brasilien.

Ohne Käfig-Schutz

Das Risiko, im Meer zu ertrinken, ist jedoch dreimal so hoch, wie von einem Hai angegriffen zu werden. Der Mensch passt nicht ins Beuteschema des Hais, er bevorzugt Robben und Fische. Haiforscher, die mit der Legende von der »mordenden Fressmaschine« aufräumen wollen, tauchen mittlerweile ohne Käfig-Schutz, auch mit den als besonders blutrünstig geltenden Weißen Haien.

Großer Hai ...

Seit dem amerikanischen Film »Der weiße Hai« von Steven Spielberg, der 1975 gedreht wurde, gilt der größte Raubfisch der Welt als der gefährlichste aller Haie. Nach den »International Shark Attack Files«, einer Datenbank, in der alle Hai-Attacken festgehalten sind, ist er tatsächlich für die meisten Angriffe auf Menschen verantwortlich, auch für solche, die tödlich ausgingen. Auf Platz zwei und drei liegen Tiger- und Bullenhai.

Gefahreneinstufung:
Wer die Reaktion der Haie gut ein-
schätzen kann, überlebt – meist.

Kein Blutrausch?

Da Haiforscher häufigeren Kontakt mit Haien haben, müssten
sie eigentlich besonders gefährdet sein. Andererseits sind sie
mit dem Verhalten ihrer For-
schungsobjekte vertraut und
wissen, wann und warum ein Hai
angreift. Schwimmgeräusche und
Blut ziehen die Tiere an, denn
sie registrieren sie mit ihren sehr
empfindlichen Sinneszellen. Ein
Haiforscher wird sich hüten, den
Hai zu provozieren, etwa indem er
auf ihn zuschwimmt. Je größer die
Ähnlichkeit zur Beute ist, desto
wahrscheinlicher wird ein »Probe-
biss«: Wer auf Surfbrettern lie-
gend paddelt, gleicht einer Robbe.
Auch wenn der Hai nur versuchs-
weise zubeißt,
richten seine
rasiermes-
serscharfen
Zähne enorme
Schäden an.

Vorsicht Hubschrauber!

Manche Hai-Attacken können von
den Rotorblättern von Hubschraubern ausgelöst werden. Der
amerikanische Haiforscher und
Verhaltensbiologe Arthur Myrberg
entdeckte in den 1970er-Jahren,
dass auffallend viele Menschen
in Seenot immer dann von Haien
angegriffen wurden, wenn sich
ihnen der rettende Hubschrauber
näherte. Die Schwingungen der
Rotorblätter, die sich aufs Wasser
übertragen, ähneln denen, die
verletzte Fische auslösen – und
die »Räuber der Meere« anlocken.

Wie wird man Haiforscher?

Ein guter Einstieg ist ein Biolo-
giestudium, aber auch das der
Marinen Ökologie, die sich mit
dem Lebensraum Meer beschäftigt, oder der Fischereibiologie.
Dabei kann man sich dann
auf Haie und ihr Verhalten
spezialisieren.

Hochseefischer

Entfesselte Naturgewalten auf hoher See machen Hochseefischern das Arbeitsleben schwer. Bei der großen Hochseefischerei befischen die Männer küstenferne Gewässer. Dort sind orkanartige Winde keine Seltenheit und ein Sturz über Bord in die tobende und eiskalte See bedeutet den sicheren Tod.

Trotz moderner Technik können Hochseetrawler noch immer stranden, kentern oder untergehen. Auch ein Ausfall der Maschinen und Funkgeräte kann die Besatzung in Seenot bringen. Nach Schätzung der Ernährungs- und Landwirtschaftsorganisation der Vereinten Nationen (FAO) von 2002 sterben weltweit täglich 70 Fischer auf See, im Jahr kommen 24 000 bei Arbeitsunfällen zu Schaden.

Wie wird man Hochseefischer?

Früher wurden Hochseefischer einfach auf See angelernt. Heute sind eine dreijährige Ausbildung zum Fischwirt, ein gültiges Seemannsbuch, ein Seediensttauglichkeitszeugnis und ein Gesundheitszeugnis nötig. Allerdings sind Arbeitsplätze rar geworden.

Fatal: ein Leck

Bei der schlimmsten Katastrophe der deutschen Hochseefischerei verloren am 25. Juni 1963 vor der Küste Westgrönlands 27 Fischer ihr Leben. Ihr Trawler »München« begann zu sinken, nachdem durch Klappen, durch die Wasser ablaufen sollte, Wasser eindrang. Trotz Pumpen und Abschöpfversuchen per Eimerkette lief das 64 m lange und 11 m breite Schiff voll und bekam Schlagseite. Der Kapitän ließ noch den Treibstoff in Tanks auf der Gegenseite umpumpen, um das Schiff aufzurichten, doch vergebens: Es sank.

Rettung unsicher

Rettungsinseln und -boote gehören zur Grundausstattung von Fischtrawlern. Doch auch sie können aufreißen, weil sie an der Bordwand entlangschrammen, oder umkippen, wenn jemand hineinspringt oder an Bord gehievt wird. Schwimmwesten halten zwar über Wasser, vor Kälte schützen sie nicht. Wärmeschutzanzüge können das Überleben für einige Stunden in nur 4 °C kaltem Wasser sichern – wenn Zeit bleibt, sie anzulegen. Größtenteils helfen heute Überwachungssysteme, havarierte Schiffe zu orten. Auf hoher See eilen bei einem Notsignal Schiffe in der Umgebung zu Hilfe, in Küstennähe allwettertaugliche Helikopter.

Medizin an Bord?

Nach der Rettung aus kalter See müssen die Fischer entsprechend versorgt werden. Auf keinen Fall darf ihnen bei starker Unterkühlung Alkohol eingeflößt werden: Er erweitert die Blutgefäße der Haut, wodurch der Körper noch mehr Wärme verliert, was tödlich sein kann. Auch Arbeitsunfälle oder Herzinfarkte enden auf See oft mit dem Tod, weil eine entsprechende medizinische Versorgung nur am weit entfernten Land möglich ist. Zwar lernen alle Fischer Erste Hilfe, doch die reicht in schweren Fällen manchmal nicht aus.

Kein Seemannsgarn – Monsterwellen

Immer wieder berichten Seeleute von Monsterwellen, die aus dem Nichts zu kommen scheinen und sich nahezu senkrecht bis zu 30 m hoch aufbauen. Wissenschaftler hielten das lange für unmöglich, doch mithilfe neuester Satellitentechnik lassen sich diese »Wasserwände« inzwischen nachweisen. Sie entstehen, wenn schnellere Wellen auf langsamere treffen und ihre Energien sich hochschaukeln. Der Umgang mit den Ungetümen: sie leicht schräg ansteuern und hoffen, dass das Schiff nicht verschlungen wird!

Hochseilartist

Auf einem stark gespannten Seil aus Draht führen Hochseilartisten im Zirkus oder auch im Freien ihre Kunststücke vor. Die Balanceakte finden in der Manege in Höhen von etwa 8 bis 10 m statt. Draußen können es über 100 m sein, etwa wenn das Seil zwischen zwei Hochhäusern gespannt wurde.

Zum wichtigsten Arbeitsgerät der Hochseilartisten gehört die Balancierstange. Sie erhöht das Trägheitsmoment der Seilläufer, was sie weniger wacklig macht und einen Absturz verhindern soll. Lange Seile werden meist noch durch Abspannseile an den Seiten gefestigt, so schwingen sie nicht so stark. Einige Hochseiltänzer wagen sich auch freihändig auf die – dann oft kürzeren – Seile.

Waghalsige Kunststücke

Noch mehr Nervenkitzel bieten die Artisten ihren Zuschauern, indem sie auf Stelzen übers Seil laufen, sich dort oben zur Pyramide aus mehreren Personen aufbauen oder mit Ein-, Zwei- oder sogar Motorrädern, ja selbst Autos darüberbrausen. Spektakulär und für den Hochseilartisten lebensgefährlich sind auch Sprünge wie ein Vor- oder Rückwärtssalto, wenn er weder mit Gurten gesichert ist noch mit Fangnetz arbeitet.

Wie wird man Hochseilartist?

Die meisten Hochseilartisten wurden in eine Familie hineingeboren, in der diese Kunstfertigkeit eine jahrhundertealte Tradition hat. Sie wachsen als Kinder in diesen Beruf hinein. Es gibt aber auch eine staatliche Artistenschule in Berlin, in der neben den normalen Schulfächern Artistik gelehrt wird.

Gefahreneinstufung:
Ohne Sicherung ein lebens-
gefährliches Unternehmen

Nicht wiederholbar

In einer spektakulären Aktion spannte der französische Hochseilartist Philippe Petit am 7. August 1974 ein Stahlseil zwischen die Zwillingstürme des World Trade Centers in New York. Darauf balancierte er ungesichert achtmal in 417 m Höhe hin und her, zum Teil auch, um den Sicherungskräften zu entwischen. Er wurde schließlich doch verhaftet, aber aufgrund der herausragenden Leistung und der weltweiten Berichterstattung nicht verurteilt.

Gleichgewicht ist fast alles

Eine außerordentliche Körperbeherrschung und exakte technische Vorbereitungen sind die Lebensversicherung eines jeden Seiltänzers. Sie ermöglichen sensationelle Aktionen, wie etwa die Fahrt auf dem Hinterrad eines Motorrads über ein 1500 m langes Seil über den Rhein und einen Handstand auf halber Strecke. Damit gelang Johann

Traber aus der berühmten deutschen Hochseil-Dynastie ein Weltrekord. Gegen Materialfehler hat auch die beste Vorsorge keine Chance: Im Mai 2006 stürzte Johann Traber junior in Hamburg von einem 30 m hohen Metallmast, der abknickte. Trotz der Spätfolgen durch die schwere Gehirnverletzung gelang es dem Artisten 2008 wieder, mit dem Motorrad auf ein Hochseil zu fahren.

Immer extremer

In jüngster Zeit wagen sich Hochseilartisten an Seilakte, die sie nicht nur in schwindelerregende Höhen führen, sondern auch Wind und Wetter aussetzen. 2009 legte der Schweizer Freddy Nock eine Strecke von 995 m auf dem nur 5 cm dicken Tragseil der Gletscherbahn zur Zugspitze zurück – komplett ungesichert! Auf der Hälfte der Strecke, etwa 130 m über dem Boden, musste er wegen der Steigung die Schnürung seiner Schuhe lockern. Dabei traf ihn eine Windböe – doch er hielt die Balance.

Holzfäller

Bäume zu fällen und sie transportfähig zu machen, gehört zu den Aufgaben des Holzfällers. Diesen Beruf gibt es seit Jahrtausenden, da die Menschen Holz schon immer zum Heizen und Bauen benötigten. Wurde früher mit Äxten, Spaltkeilen und mechanischen Sägen gearbeitet, kommt heute die Kettensäge zum Einsatz. Die Arbeit von Holzfällern galt stets als gefährlicher Knochenjob. Auch heute zeigen Statistiken, dass jeder dritte Waldarbeiter einmal im Jahr einen Unfall erleidet. Viele davon enden tödlich, da die Verletzungen sehr schwer sein können. Treffen fallende, morsche oder zurückschleudernde Äste den Kopf, fängt selbst ein Sicherheitshelm den Stoß kaum ab.

Wie wird man Holzfäller?

Das Holzfällen ist heute Teil der Aufgaben eines Forstwirts. Nach einem Hauptschulabschluss kann die dreijährige Ausbildung beginnen, die von Forstbetrieben und Berufsschule durchgeführt wird.

Baum fällt!

Mit dem Fällschnitt lenken die Holzfäller die Richtung, in die der Baum sinken soll. In diesem Bereich halten sich die Arbeiter dann nicht auf. Hundertprozentige Sicherheit garantiert dies aber nicht. Bricht der Baum während des Fällens an unvorhergesehener Stelle ab, kann er sich drehen und woanders niedergehen. Wer dort steht, überlebt das meist nicht.

Scharf und schärfer

Der Umgang mit Axt und Kettensäge will gelernt sein. Wen die scharfe Klinge der Axt zum Beispiel ins Bein trifft, hat Glück, wenn er nicht allein ist. Wird eine tiefe Wunde nicht behandelt, droht die Gefahr zu verbluten. Bei der Arbeit mit der Kettensäge ist der Rückschlageffekt besonders gefürchtet. Durch Spannung im Baum, durch ein Astloch oder ein anderes Hindernis kann die Säge sehr schnell Richtung Holzfäller zurückschlagen. Die Wucht ist dabei so groß, dass die Maschine mit ihren äußerst scharfen Zähnen oft nicht zu halten ist. Die Folgen für Gesicht und den Schulterbereich sind – selbst wenn die Kettenbremse noch anspringt – größtenteils verheerend.

In den Wipfeln

Steht ein Baum sehr ungünstig, muss ihn ein Baumkletterer Stück für Stück abtragen. Dazu begibt sich der Arbeiter mithilfe von Seilen und Steigeisen in den Baum und sägt ihn nach und nach auseinander. Wie alle Holzfäller trägt er dabei schnittsichere Kleidung, Helm mit Visier und Gehörschutz, hat aber noch ein Extraseil für die Motorsäge dabei. Der Arbeiter muss darauf achten, dass sich seine Seile nicht verheddern und der Baum beim Zerlegen nicht zu federn beginnt und ihn »abwirft«.

Heli-Logging

In Kanada klettern Holzfäller bis zu 60 m hoch in Bäume und kappen dabei die Krone und die Äste. Danach müssen sie möglichst schnell zurück auf den Boden und sich in Sicherheit bringen: Nach ihren Vorbereitungen kommt ein Lastenhubschrauber, der mit einem riesigen Greifarm den Baum vom Stumpf bricht, bevor er ihn abtransportiert. Das Holzfällen per Helikopter hat seinen Preis: Eine Flugstunde kostet rund 10 000 Dollar.

Jäger

Die Jagd ist gefährlich, nicht nur für die Tiere, sondern auch für die Jäger. Dabei geht die Gefahr meist vom Schusswaffengebrauch aus: Zwischen drei bis acht Waidmänner werden in Deutschland versehentlich von einem Jagdkollegen erschossen, mehrere Hundert durch Gewehrsalven zum Teil schwer verletzt.

Durch einen Jagdschein sind alle Jäger – egal ob Berufs- oder Hobbyjäger – zum Führen einer Waffe während oder im Zusammenhang mit der Jagd berechtigt. Es ist ihnen auch erlaubt, Langwaffen und Munition jeden Kalibers zu kaufen, die sie erst zwei Wochen danach in ihre Waffenbesitzkarte eintragen lassen müssen.

Tödliche Verwechslung

Die meisten Jagdunfälle geschehen aufgrund von Verwechslungen. So mancher Jäger, der auf der Hatz in einer dunklen Jacke auf Wild gewartet hat, ist selbst ins Visier eines Jagdkollegen geraten. Im Zwielicht des Waldes und aus großer Entfernung kann ein schwarzer Schatten selbst durch ein Zielfernrohr leicht für einen wilden Eber, Hirsch oder Elch gehalten werden. Wer dann »auf Verdacht« schießt, kann ungewollt einen anderen Jäger töten.

Wie wird man Jäger?

Die Ausbildung zum Revierjäger/ zur Revierjägerin dauert drei Jahre. Es gibt keine gesetzlichen Zugangsvoraussetzungen, aber es wird ein Realschulabschluss empfohlen. Einen Jagdschein kann jeder, je nach Bundesland unter bestimmten Bedingungen, bekommen.

Gefahreneinstufung:
Der Einsatz von Waffen ist
nie völlig harmlos.

Rettungsfarbe orange

In Skandinavien und den USA gehört eine leuchtend orange Signalwarnweste zur Grundausrüstung von Jägern. Sie wurde eingeführt, nachdem die Zahl der tödlichen Jagdunfälle durch Verwechslungen angestiegen war. Das Orange der Farbe liegt auf einer Wellenlänge, die zumindest Schalenwild nicht wahrnehmen kann. Die Tarnung der Jäger bleibt auch durch ein Astmuster auf der Weste erhalten, das den Körperumriss auflöst.

Verirrte Kugeln

Immer wieder passiert es, dass Jäger auf ein Tier anlegen und es nicht treffen oder nur streifen. Manchmal fliegt die Kugel weiter und prallt an einem Baumstamm oder Felsen, manchmal sogar auf Wasser ab. Sie bekommt einen Gegendrall und reißt als Querschläger einen anderen Waidmann in den Tod. Auch Schrotkugelladungen, die bei der Hasenjagd zum Einsatz kommen, verirren sich gelegentlich und richten Schäden an. Bei unglücklichen Stürzen vom Hochsitz sowie beim Reinigen des Jagdgewehrs können sich Schüsse unbeabsichtigt lösen. Manche Jäger haben sich auf diese Weise selbst erschossen.

Wehrhaftes Wild

Vorsicht müssen Jäger auch dann walten lassen, wenn sie ein Tier getroffen haben. Ist es nicht auf der Stelle tot, sondern nur verletzt, kann es sich wieder aufrappeln und auf den Schützen losgehen. Besonders gefährlich ist das bei Wildschweinen. Ihre Hauer sind ausgesprochen kräftig. Rammen sie damit das Bein oder den Bauch des Jägers, können sie sie aufreißen und die Hauptschlagader durchtrennen. Selbst wenn Erste Hilfe geleistet wird, besteht die Gefahr zu verbluten.

Kampfmittelräumer

Selbst wenn ein Krieg vorbei ist, hinterlässt er im Boden versteckt Altlasten in Form von Bomben und Minen. Kampfmittelräumer spüren sie auf und entsorgen sie. Oder sie werden gerufen, wenn bei Bauarbeiten ein Blindgänger aus dem Zweiten Weltkrieg gefunden wird, um ihn zu entschärfen. Wie viele nicht detonierte Bomben noch in Deutschland unter der Erde liegen, ist nicht genau bekannt. Doch jedes Jahr müssen die Männer und Frauen des Kampfmittelräumdienstes ausrücken, um die explosiven Fundstücke unschädlich zu machen. Bei ihrer Arbeit, die eine ruhige Hand erfordert, schaut ihnen der Tod immer über die Schulter.

Fehlerlos arbeiten

Beim Entschärfen einer Bombe wird der Zünder vom Sprengkörper getrennt. Der Sprengmeister muss dazu den Zünder eindeutig erkennen und wissen, ob er zum Beispiel noch mit einer Ausbausperre versehen ist. Erst dann kann er gezielt den Zünder je nach Art der Bombe herausschrauben, -fräsen, -schneiden oder -ziehen – ohne einen Fehler zu machen.

Minen-Bienen

Es klingt unglaublich, aber es ist wahr: Amerikanische Wissenschaftler versuchen, Bienen auf den Geruch von Sprengstoff zu dressieren. 2003 haben sie die von ihnen in zwei Tagen geschulten Insekten auf einem Minen-Testfeld des US-Militärs im Bundesstaat Missouri ausschwärmen lassen. Die Bienen sollen 90 Prozent der dort vergrabenen Minen gefunden haben. Bestätigen sich diese ersten Ergebnisse, könnten Bienen bald Minen-Spürhunde ersetzen.

מוקשים

DANGER

MINES!

Wie wird man Kampfmittelräumer?

Eine einheitliche Ausbildung gibt es nicht. Manche Kampfmittelräumer haben bei der Bundeswehr eine Prüfung als Feuerwerker oder Sprengberechtigte abgelegt, andere eine staatlich anerkannte Sprengschule, etwa in Dresden, besucht.

Keine Überlebens-Chance

Einige Fliegerbomben aus dem Zweiten Weltkrieg hatten sogenannte Säure-Langzeitzünder.

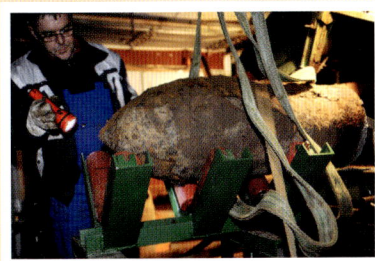

Sie sollten dafür sorgen, dass die Bombe erst Tage nach ihrem Abwurf hochging, um so die Bevölkerung dauerhaft in Angst und Schrecken zu versetzen. Manchmal tritt die Säure aber jahrzehntelang nicht aus, die Bombe bleibt also scharf. Kampfmittelräumer durchtrennen in einem solchen Fall mit einem Wasserstrahlschneidegerät die Bombenhülle zwischen Zündverstärker und Sprengstoff. Doch schon

vor der Bergung kann die Säure manchmal das Zündsystem ohne Zutun der Sprengstoffexperten aktivieren. Jeder, der sich dann in unmittelbarer Nähe einer solchen, meist zentnerschweren Bombe aufhält, wird zerfetzt.

Unsicherer Boden

80 bis 100 Millionen Landminen soll es weltweit geben, 25000 Menschen fallen ihnen jährlich zum Opfer. Da sie hochgehen, wenn man auf sie tritt, sind Minenräumer mit Detektoren ausgerüstet, mit denen sie die unter der Erde verlegten Explosionswaffen orten. Zusätzliche Sicherheit sollen die schweren Minenschutzanzüge bieten. Manche Minen werden über Stolperdrähte gezündet, auf sie müssen Minensucher bei ihrer Arbeit verstärkt achtgeben und dürfen sie niemals berühren oder gar beiseiteschieben.

Kernkraftwerk-Ingenieur

In Atommeilern wird durch kontrollierte Kernspaltung elektrische Energie erzeugt. Die Menschen, die dort arbeiten, sind studierte Ingenieure und Techniker. Sie kennen sich mit dem Kernkraftwerk aus und wissen, was bei einer Betriebsstörung zu tun ist – wenn sie nicht komplett außer Kontrolle gerät.

Versagen alle Sicherheitssysteme durch unvorhersehbare Umstände, kann die Kernschmelze eintreten. Dabei verflüssigen sich die Brennstäbe, in denen sich radioaktives Material befindet, weil sie nicht mehr ausreichend gekühlt werden. Selbst wenn der Reaktor abgeschaltet wird, kann weitere Hitze entstehen, da die Kernspaltung sich dadurch nicht sofort stoppen lässt.

Wie wird man Kernkraftwerk-Ingenieur?

Ein Ingenieur- oder Physikstudium kann in die Schaltzentrale eines Kernkraftwerks führen. In Simulatoren werden die Angestellten auf den Umgang mit ungewöhnlichen Vorkommnissen wie Flugzeugabsturz, Explosion, Großfeuer und Sabotage trainiert.

Vom Experiment zum Ernstfall

Von einem Super-GAU spricht man, wenn durch die Kernschmelze radioaktives Material unkontrolliert aus dem Reaktor austritt. Das geschah etwa bei der Reaktorkatastrophe von Tschernobyl am 26. April 1986. Am Anfang stand ein Experiment:

Die Ingenieure testeten, ob bei einem totalen Stromausfall die hauseigenen Stromturbinen die Notkühlung für die Brennstäbe liefern können. Der Versuch ging schief und es kam zu zwei verheerenden Explosionen. In ihrer Folge wurden weite Landstriche verstrahlt, viele Menschen starben.

Gefahreneinstufung:
Wenn etwas passiert, sind
Schrecken und Leid unendlich.

Totaler Kontrollverlust

Manche Atomkraftwerke (AKW)
wurden in Gebieten gebaut, in
denen Naturkatastrophen drohen.
Wird ein Reaktor wie im japani-
schen Fukushima am 11. März
2011 tatsächlich von einem
Erdbeben und Tsunami getroffen,
haben selbst erfahrene Kernkraft-
werk-Ingenieure meist kaum noch
Handlungsspielraum. Zwar üben
sie immer wieder den Störfall,
doch wenn die gesamte technische Anlage ausfällt, wird ihre
Arbeit in der Schaltzentrale des
Reaktors zum hilflosen Herum-
spielen an Knöpfen.

Umgang mit der Havarie

Übungen bereiten Kernkraftwerk-
Ingenieure auch auf die seelische Belastung vor, die bei allen
ungewöhnlichen Ereignissen im
AKW auf sie zukommt. Doch
was erwartet sie, wenn die Zerstörung eingetreten ist und sie
zu Aufräumarbeiten eingesetzt
werden? In Fukushima gehen die
Männer in Schutzkleidung in die
stark kontaminierten Gebäude
und schlafen unter Bleidecken auf
dem Gelände. Ihnen drohen Spätfolgen wie Krebs, Erbgutverände-
rungen, manchen auch der baldige
Tod aufgrund der Verstrahlung.

Das China-Syndrom

Könnte die Hitze einer un-
gebremsten Kernschmelze
ein Loch in die Erde brennen
und der Reaktorkern auf der
anderen Seite wieder aus-
treten? Diesen Vorgang, der
nach einem gleichnamigen Film
als China-Syndrom bezeichnet
wird, zweifeln Wissenschaftler
an. Sie glauben, dass sich der
geschmolzene Kern durch die
Reaktorhülle aus Beton und
Stahl brennt, im Kontakt mit
Grundwasser explodiert und
irgendwann in der Erde erstarrt.

Kriegsreporter

Dort, wo erbitterte Kämpfe toben, sind sie zu finden: Journalisten und Bildreporter, die versuchen, möglichst unvoreingenommen über die Umstände von kriegerischen Auseinandersetzungen in der Welt zu informieren. Sie sind nie bewaffnet, und viele lehnen es sogar ab, kugelsichere Westen zu tragen.
Kriege sind kein Spiel, sondern bitterer Ernst. Wer sich ins Kampfgebiet begibt und sich dort aufhält, riskiert sein Leben. Was einst eine harmlose Einkaufsstraße war, kann sich zur Todeszone gewandelt haben. Oft vertrauen sich die Berichterstatter ortskundigen Führern an, die wissen, wo die Front zwischen den Kriegsparteien verläuft.

Zur Zielscheibe werden

Mit Einheimischen unterwegs zu sein, schenkt nur vermeintlich Sicherheit. Der Tod lauert immer und überall. Hecken- oder Scharfschützen können die Reporter und ihre Begleiter jederzeit unter Beschuss nehmen. Schnell und viel zu rennen, immer wieder Deckung zu suchen, kann lebensrettend sein. Bei jeder Begegnung ist Vorsicht angebracht, da nicht sofort ersichtlich ist, was das Gegenüber im Sinn hat.

Feindliches Feuer

Raketen, Granaten und Splitterbomben können auf Häuser und selbst sicher geglaubte Militärlager abgeschossen werden, in

Wie wird man Kriegsreporter?

Wer schon als Journalist oder Fotojournalist tätig ist, kann sich im Ausbildungszentrum der Vereinten Nationen im fränkischen Hammelburg auf seinen Auslandseinsatz als Kriegsberichterstatter unter »Realbedingungen« trainieren lassen.

Gefahreneinstufung:

Es drohen viele unberechen-bare Gefahrensituationen.

Ein letzter Spaziergang

Robert Capa gehörte zu den bedeu-tendsten Kriegsfotografen des 20. Jahr-hunderts und war 1947 Mitbegründer der Fotoagentur Magnum. Durch das Foto eines angeschossenen Soldaten im Spanischen Bürgerkrieg gelangte er 1936 zu Weltruhm. Er starb 1954 während des Ersten Indochinakriegs in Vietnam, als er sich kurz die Beine vertreten wollte – und dabei auf eine Landmine trat.

denen die Journalisten Unter-schlupf gesucht haben, und sie tödlich verletzen. Wo die Ge-schosse landen, ist nicht immer berechenbar. Deshalb sind die Reporter, die ja nicht selten in den umkämpften Gebieten herum-reisen, selbst in einem Autokon-voi nicht vor ihnen geschützt. Manche Straßen der Kampfzone sind mit Sprengfallen bestückt, die nicht zu erkennen sind. Und auch mit Selbstmordattentaten durch andere harmlos wirkende Autofahrer oder Fußgänger muss jederzeit gerechnet werden.

In Gefangenschaft

Manchmal geraten Kriegsreporter auch in einen Hinterhalt oder werden entführt. 2005 nahm eine unbekannte Widerstandsgruppe im Irak die italienische Journa-listin Giuliana Sgrena als Geisel. Ihre Entführer forderten den Ab-zug der italienischen Truppen aus ihrem Land, ansonsten würde die Reporterin hingerichtet. Gegen ein Lösegeld kam sie frei, auf dem Weg zum Flughafen beschossen US-Truppen ihr Fahrzeug und töteten einen ita-lienischen Geheim-agenten.

Krokodilfänger

Vor allem in Australien und in vielen Bundesstaaten des US-amerikanischen Südens haben sie viel zu tun: Krokodilfänger, die den oftmals riesigen Tieren nachjagen und sie dingfest machen. Die Reptilien werden immer dann gefährlich, wenn der Mensch in ihren ursprünglichen Lebensraum eindringt. Die Alligatoren-Jäger sind zumeist Wildhüter, die dafür sorgen, dass die Tiere dem Menschen nicht in die Quere kommen. In Australien haben sie es mit dem sehr gefährlichen Leisten- oder Salzwasserkrokodil zu tun. Die Männchen dieser Art werden 5 bis 7 m lang. Im Süden der USA ist es der Mississippi-Alligator, der um die 4 m misst.

Am langen Seil

Jährlich melden rund 10 000 Personen in Florida einen »streunenden« Alligator auf ihrem Terrain, 40 professionelle Krokodilfänger machen Jagd. An Land binden sie den Tieren eine Schlinge um den Oberkiefer und fesseln sie dann. Hat das Tier sich ins Wasser geflüchtet, schießen sie ein Seil per Armbrust in seinen Körper, ziehen es zu sich ans Boot heran und töten es mit einem Kopfschuss. Fällt der Krokodiljäger bei dieser Aktion ins Wasser, sind seine Überlebenschancen gering.

Wie wird man Krokodilfänger?

Entweder man ist Wildhüter oder arbeitet sich – in den USA – nach einem Highschool-Abschluss in den Beruf des Krokodilfängers ein. In Florida beschäftigt der Staat professionelle Alligator-Jäger.

Gefahreneinstufung:
Kraft und Vorsicht sind hier
Lebensversicherer.

Tod des »Crocodile Hunter«

Sein erstes Krokodil erwischte der australische Dokumentarfilmer Steve Irwin, als er
neun war. Krokodile einzufangen gelang ihm
auch später, zum Teil mit bloßen Händen.
Seine Fangaktionen hielt er per Kamera fest.
Er wurde unter dem Spitznamen »Crocodile
Hunter« und mit seiner gleichnamigen, weltweit ausgestrahlten Tierserie bekannt. 2006
starb Irwin bei Unterwasseraufnahmen, als
ihn ein Rochen ins Herz stach.

Weg vom Wasser

Leisten- oder Salzwasserkroko-
dile, auch »Salties« genannt, töten
in Australien jedes Jahr etwa zwei
Menschen.
Oft geschieht
das an aus-
gewiesenen
Badeplätzen,
wo nichts
ahnende Tou-
risten sich
ins Wasser
begeben und

aus dem Hinterhalt angegriffen
werden. Schwimmende Fallen
sollen solche »Killer« einfangen.
Wenn der Wildhüter sie anbringt,
muss er achtgeben, nicht selbst
von einem Krokodil gepackt, unter
Wasser gezogen und ertränkt zu
werden. Denn den 1000 kg, die
ein solches Tier wiegen kann, hat
er nur wenig entgegenzusetzen.

Eierdiebe

Da die australischen Salzwasser-
krokodile unter Schutz stehen, dürfen sie bei der Jagd nicht getötet
werden. Damit die Tiere sich nicht
allzu stark vermehren, hat die
Regierung es erlaubt, eine bestimmte Anzahl von Eiern aus den
Krokodilgelegen zu nehmen und
an Krokodilfarmen zu verkaufen.
Auch dabei müssen die Wildhüter
vorsichtig vorgehen: Die »Saltie«-
Weibchen lassen ihre Nester
kaum aus den Augen und können
äußerst aggressiv reagieren.

LKW-Fahrer

Tag und Nacht auf Achse sind Fernfahrer, die mit ihren schweren Lastkraftwagen (LKW) Güter von A nach B bringen. Die Autobahn ist ihr Zuhause, wobei sie als Vielfahrer öfter in Unfälle verwickelt werden als andere Autolenker. Einige Gefahren kommen aus dem Nichts auf sie zu, andere sind hausgemacht. Immer wieder ziehen Polizisten bei Kontrollen LKW aus dem Verkehr, da deren technischer Zustand bedenklich ist. Mangelnde Wartung und Pflege der Fahrzeuge ist verantwortlich für Reifen ohne Profil, abgenutzte Bremsen oder undichte Öl- oder Benzinleitungen. Kommen noch Überladung, ungenügende Sicherung der Fracht und überhöhte Geschwindigkeit dazu, gefährden die Brummifahrer sich selbst, aber auch andere.

Übermüdung, Alkohol und Drogen

Terminstress im Güterverkehr hat dazu geführt, dass viele LKW-Fahrer sich nicht an die vorgeschriebenen Lenk- und Ruhezeiten halten. Wer am Steuer einschläft, und sei es nur ein kurzes Wegnicken, verliert die Kontrolle über das Fahrzeug. Eine unsanfte Landung in der Böschung, ein Zusammenstoß mit anderen Fahrzeugen,

Schlingern oder Umkippen können die Folge sein – und glimpflich oder tödlich ausgehen. Lange, eintönige Fahrten verführen einige LKW-Fahrer dazu, Alkohol oder Drogen zu sich zu nehmen, was ihre Reaktionsfähigkeit ebenfalls erheblich vermindert.

Wie wird man Lkw-Fahrer?

Die Ausbildung zum Berufskraftfahrer wird nach einem Hauptschulabschluss in einer Spedition oder einem Busbetrieb sowie der Berufsschule durchgeführt und dauert drei Jahre. Es muss ein Führerschein für den Güterverkehr gemacht werden, für Gefahrguttransporte ist eine Extra-Fahrerlaubnis nötig.

Gefahreneinstufung:
Ein Schutzengel auf dem
Beifahrersitz wäre gut.

Aufgeblasener Fahrer

Den eigentümlichsten Unfall mit seinem LKW hatte ein Neuseeländer im Frühjahr 2011: Er fiel unglücklich auf eine Luftdüse zwischen Führerhaus und Anhänger, wobei sich das Ventil der Druckluftleitung in seinen Po bohrte. Der arme Mann, der sich nicht bewegen konnte, wurde dadurch aufgeblasen wie ein Luftballon. Erst andere Fernfahrer konnten ihn aus seiner misslichen Lage befreien. Im Krankenhaus brauchte der Verunglückte drei Tage, um die Luft wieder »abzulassen«.

Explosiv oder giftig

LKW-Fahrer transportieren auch Gefahrgüter. Sind es brennbare Stoffe, wie etwa Benzin, Schmierstoffe, Öl oder Lacke, können diese bei einer Kollision explodieren. Dabei kann das Fahrzeug komplett ausbrennen und das Feuer – insbesondere in Tunneln – rasend schnell auf die Fahrerkabine und andere Wagen übergreifen. Geladene Chemikalien, die bei einem Unfall austreten, setzen giftige oder ätzende Dämpfe frei, die zu erheblichen Verletzungen und zur Erstickung führen können.

Rastplätze und Standstreifen

Selbst wenn ein LKW steht, kann er Schaden anrichten. So starb im Juni 2011 ein Brummifahrer, weil er auf einen in der Einfahrt zu einem Rastplatz abgestellten Laster auffuhr. Der Wagen kam ins Schleudern, blieb zwischen zwei weiteren LKW hängen, und alle drei gingen in Flammen auf. Beim Anhalten auf dem Standstreifen ist doppelte Vorsicht geboten: Andere Fahrzeuge können in den Wagen hineinkrachen, ihn seitlich aufschlitzen oder aber den LKW-Fahrer erfassen und töten.

Lokführer

Eine Zeit lang war es der Wunsch vieler kleiner Jungen und vielleicht einiger weniger Mädchen, später Lokomotivführer zu werden. Doch das scheint sich geändert zu haben: In diesem Beruf verdient man nicht viel Geld, ist aber auch nachts sowie an den Wochenenden im Einsatz und so manchen Gefahren ausgeliefert.

Zwar scheint der Schienenverkehr sicherer als der auf der Autobahn, doch übersehene oder defekte Signale, nur halb oder gar nicht geschlossene Schranken, Bremsversagen, Zusammenstöße mit anderen Zügen oder Autos, Explosionen sowie Entgleisungen gehören zu den Ursachen von schweren Zugunglücken mit denen Triebfahrzeugführer rechnen müssen.

Materialermüdung

Das schwerste Zugunglück in Deutschland geschah am 3. Juni 1998. Auf dem Weg von München nach Hamburg entgleiste ein ICE mit etwa 200 km/h kurz vor elf Uhr nahe dem Ort Eschede. 101 Menschen starben, 88 wurden schwer verletzt. Die Ursache für den Unfall war der Bruch eines Radreifens. In seiner Folge wurde auch eine Brücke getroffen und stürzte über dem mittleren Teil des Zuges ein.

Wie wird man Lokführer?

Die Ausbildung zum Eisenbahner/zur Eisenbahnerin im Betriebsdienst und Triebfahrzeugführer/in dauert drei Jahre. Sie wird von Bahngesellschaften durchgeführt und setzt mindestens einen guten Hauptschulabschluss sowie gutes Sehvermögen voraus.

Der Lokführer bekam von der Katastrophe zunächst nichts mit: Erst der Leiter des Bahnhofs Eschede informierte den Mann, dass an dem Triebkopf, in dem er saß, keine weiteren Wagen mehr hingen.

Gefährliche Güter

In den Waggons von Güterzügen werden neben normaler Fracht auch brennbare oder giftige Chemikalien auf der Schiene transportiert. Sollte ein solcher, etwa mit Flüssiggas beladener Zug entgleisen, kann es zu einer gewaltigen Explosion mit ungeheurer Zerstörungskraft und einem anschließenden Inferno oder einer tödlichen Giftwolke kommen. Die Wahrscheinlichkeit, dass der Lokführer des Zuges einer solchen Katastrophe entrinnt, ist sehr gering.

Seelenpein

Lokführer überfahren auch Menschen – natürlich nicht absichtlich. Oft sind es Selbstmörder, die sich auf die Gleise legen oder vor den Zug springen. Auch Gleisarbeiter können übersehen und in den Tod gerissen werden. Der Schock, den die Lokführer bei so einem Unfall erleiden, zeigt sich meist erst Wochen später, z. B. in Form von Schlafstörungen oder Albträumen. Die seelische Belastung kann so groß sein, dass die Zugführer nie wieder auf die Schiene zurückkehren.

Erster Lokführer in Deutschland

Der englische Ingenieur William Wilson war der erste Lokomotivführer in Deutschland. Als am 7. Dezember 1835 die erste Bahnstrecke des Landes zwischen Nürnberg und Fürth eröffnet wurde, stand er im Führerhaus der offenen Lokomotive »Adler«. Er trug immer Rock und Zylinder, selbst bei Regen und im Winter. Die Fahrgäste liebten den »langen Engländer« und wollten nur mit der Bahn reisen, wenn er sie lenkte.

Pilot

Sie fliegen Linien- und Transportmaschinen, Militärjets, Hubschrauber oder Flugzeugneuentwicklungen: Piloten gelten als die Helden der Lüfte. Auch wenn die Wahrscheinlichkeit eines Absturzes für einen Berufspiloten statistisch bei 0,5 Prozent liegt, ist ein Crash doch Hauptursache für Katastrophen in der Luftfahrt.

Allerdings sind die Gründe, die zu einem Absturz führen, sehr unterschiedlich. So können technische Defekte das Flugzeug nicht mehr steuerbar machen oder Feuer, das sich im Flugzeug rasend schnell ausbreitet. Verkehrsflugzeuge sind auch schon versehentlich vom Militär abgeschossen worden, weil man sie für ein Kampfflugzeug hielt.

Absprachefehler

Menschliches Versagen gehört ebenfalls zu den Risiken, mit denen Piloten leben müssen. Die bislang größte Tragödie in der zivilen Luftfahrt, die Flugzeugkatastrophe von Teneriffa am 22. März 1977 mit 539 Toten, ging auf mangelhafte Verständigung zwischen zwei Piloten und der Flugsicherung im Tower zurück. Sie führte dazu, dass eine Maschine ohne Freigabe startete und dabei mit 250 km/h im dichten Nebel auf einen zweiten Flieger prallte, der ihr auf der Startbahn entgegenrollte.

Wie wird man Pilot?

Bei der Lufthansa durchlaufen Interessierte einen längeren Bewerbungsprozess, um zur zweijährigen Schulung oder einem vierjährigen kombinierten Studiengang zugelassen zu werden. Der Pilot braucht bestimmte Fluglizenzen und muss mit einer gewissen Anzahl von Flugstunden Flugerfahrung gesammelt haben.

Gefahreneinstufung:
Runter kommen sie immer,
fragt sich nur, wie.

Bombe an Bord

Keinerlei Chance zu reagieren haben Piloten, wenn auf ihr Flugzeug ein Anschlag verübt wird. Trotz strenger Sicherheitskontrollen gelingt es Terroristen gelegentlich, Bomben mit Plastiksprengstoff an Bord zu schmuggeln. So war es beim sogenannten Lockerbie-Anschlag am 21. Dezember 1988. Die Explosion ereignete sich in 9400 m Höhe und riss ein großes Loch in das Flugzeug einer amerikanischen Airline. Es zerbrach und stürzte über der schottischen Ortschaft Lockerbie ab. Alle 259 Insassen und elf weitere Personen am Boden starben.

Erster im Cockpit

Ob ein neu entwickeltes Flugzeug einsatzbereit ist, überprüfen Testpiloten unter Extrembedingungen – zum Beispiel in der Hitze Afrikas oder in der klirrenden Kälte Alaskas. Sie erproben in der Praxis, was Flugzeugingenieure in den Werkshallen ausgetüftelt haben. Dabei vergleichen sie, ob alle vorher errechneten Werte sich während des Flugs bestätigen. Taucht beim Testflug ein Problem auf, das vorher nicht bedacht wurde, kann das für den Piloten böse enden.

Unsichtbar: Wirbelschleppen

Sobald ein Flugzeug startet oder landet, zieht es je nach Bauart und Gewicht mehr oder minder große Luftverwirbelungen hinter sich her. Sie sind eine Folge des Auftriebs und mit bloßem Auge nicht zu erkennen. Zwischen den gegenläufig drehenden Wirbeln entsteht eine starke, senkrecht abfallende Strömung. Haben nachfolgende Flieger nicht genügend Abstand, können sie ins Trudeln geraten oder sogar abstürzen.

Polarforscher

Meeresbiologie, Geologie und Klimaforschung sind die Themen, mit denen sich Polarforscher beschäftigen. Sie reisen dazu – meist mit einem technisch hoch ausgerüsteten Eisbrecher – in die Arktis oder Antarktis. Außentemperaturen unter minus 50 °C machen ihren Einsatz dort zur Herausforderung.

Arbeiten die Forscher draußen, ziehen sie sich ihre wärmenden Überlebensanzüge an. Sollen ihre Untersuchungen oder Messungen auf Eisschollen stattfinden, setzen Helikopter sie dort ab. Allein geht keiner aufs Eis, die Gefahr, ins klirrend kalte Wasser einzubrechen oder auf Nimmerwiedersehen wegzudriften, wäre einfach zu groß.

Vorsicht, Eisbär!

In der Antarktis, also am Südpol, leisten Pinguine und Robben den Wissenschaftlern Gesellschaft. In der Arktis rund um den Nordpol kann die Begegnung mit einem dort lebenden Tier bedrohlicher sein: Für Eisbären sind die Forscher ein gefundenes Fressen. Sie können auch angreifen, wenn sie Junge haben und diese schützen wollen. Ein Gewehr gehört in Grönland deshalb zur Grundausstattung der Polarforscher.

Wie wird man Polarforscher?

Ein Studium in Biologie, Chemie, Physik, Geologie oder Ozeanografie und Abschluss mit einem Doktortitel sind sinnvoll. Dabei kann man sich auf die Polargebiete spezialisieren und erste Forschungen für eine Universität oder ein Institut dort betreiben.

Eisbrecher Polarstern

Gepanzerte Außenwände, eine spitze Stahlkante am Bug und starke Motoren zeichnen das Forschungsschiff »Polarstern« aus. Es gehört dem Alfred-Wegener-Institut (AWI), der größten deutschen Einrichtung für Meeres- und Polarforschung. Ein- bis zweimal im Jahr startet es in die Eismeere. Als Versorgungsschiff dient es der Neumayer-Forschungsstation in der Antarktis – bringt Material und Verpflegung und entsorgt den Müll.

Hunger, Kälte, Sturm

In brenzlige Situationen geraten Polarforscher auch dann, wenn sie auf einer Expedition per Hundeschlitten oder auf Skiern im Packeis unterwegs sind und das Wetter urplötzlich umschlägt. Haben sie sich darauf nicht genügend vorbereitet, kann es sein, dass sie irgendwo im Eis festsitzen, ohne passende Ausrüstung und ausreichend Proviant. Selbst in der heutigen Zeit können sie dann erfrieren oder verhungern. Oft schaffen es die Wissenschaftler, einen Hilferuf abzusetzen. Dann werden Rettungsflugzeuge startklar gemacht, müssen aber manchmal wegen zu starker Winde unverrichteter Dinge umkehren.

Im Ernstfall hilflos?

Vor ihrer Reise ins ewige Eis müssen sich Polarforscher einer medizinischen Untersuchung unterziehen. Denn werden sie unterwegs schwer krank oder sollten sie verunglücken: Das nächste Krankenhaus ist weit weg. In der Polarforschungsstation »Neumayer III«, die in der Antarktis steht, gibt es einen Krankenbehandlungs- und Operationsraum. Bei schwierigeren Eingriffen kann sich der dort tätige Arzt per Satellit von Kollegen etwa in seiner Heimat assistieren lassen.

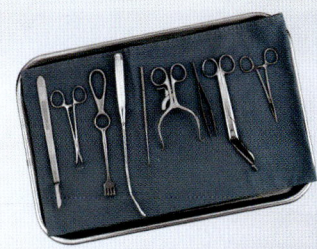

Polizist

*Sie laufen oder fahren Streife, werden bei Verkehrs-
unfällen, Familienstreitigkeiten oder anderen hefti-
gen Auseinandersetzungen, Einbrüchen oder Über-
fällen gerufen: Was genau die Polizisten bei ihren
Einsätzen erwartet, erfahren sie oft erst vor Ort und
müssen auf alles gefasst sein.*

*»Gefahren für die öffentliche Sicherheit und Ord-
nung abzuwehren«, lautet der Auftrag der Polizei-
beamten. Bei der Strafverfolgung ist es ihre Pflicht, selbst im Rahmen
des Rechts zu handeln. Da sie Schusswaffen gebrauchen dürfen, tragen
sie eine hohe Verantwortung: Im Ernstfall müssen sie unter Einsatz ihres
Lebens sehr schnell entscheiden, ob sie schießen sollen oder nicht.*

Wie wird man Polizist?

Bewerber sollten mindestens die mittlere
Reife haben. Wer den zwei- bis viertägigen
Aufnahmetest besteht, bei dem auch die
körperliche Fitness getestet wird, besucht
die Polizeischule. Die Ausbildung beträgt,
je nach Bundesland und Dienstgrad,
zweieinhalb bis drei Jahre.

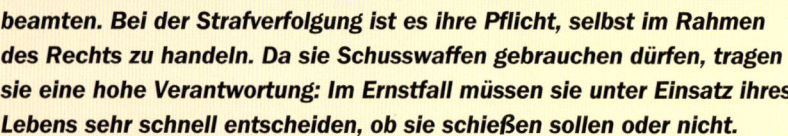

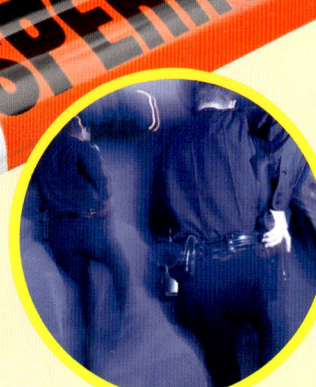

Straftätern Paroli bieten

Bei jedem Einsatz können sich
Polizisten von jetzt auf gleich in
äußerst schwierigen Situationen
wiederfinden. Zückt etwa ein
Gegenüber ein Messer oder eine
Pistole, sind schnelle Reaktion
und eine körperliche, aber auch
gewisse innere Stärke gefragt. Nur
so kann der Angreifer überwältigt,
das eigene Leben gerettet werden.
Doch manchmal auch nicht: So
wurde auf Augsburger Polizisten
am 28. Oktober 2011 bei einer
Verfolgungsjagd geschossen.
Einer der Polizisten starb.

Tödlich verunglückt

Viele Polizisten sterben durch
einen Auto- oder Motorradunfall
im Dienst. Werden sie von der
Einsatzzentrale an einen Tatort
geschickt, rasen sie mit hoher
Geschwindigkeit, eingeschalte-
tem Blaulicht und Martinshorn

über die Straßen. Rote Ampeln
und Vorfahrts- oder Stoppschilder
dürfen sie dabei missachten. Das
kann – ebenso wie Verfolgungsjagden – zu tödlich verlaufenden
Zusammenstößen mit anderen,
womöglich unaufmerksamen
Verkehrsteilnehmern führen.
Doch auch wenn der Polizist

eine Gefahrenstelle absichert
und steht, kann er von anderen
Fahrern übersehen und gerammt
werden.

Demos, Randale, Krawalle

Ganze Hundertschaften von je 80
bis 120 Bereitschaftspolizisten
kommen bei besonderen Veran-
staltungen oder Großereignissen
wie Demonstrationen, Fußball-
spielen, Straßenschlachten oder
Krawallen, etwa am 1. Mai in Berlin, zum Einsatz. Um bei den oft
gewalttätigen Ausschreitungen geschützt zu sein und dem geballten
Zorn der Massen begegnen zu
können, tragen sie meist Schutzhelme mit Visieren, Knie- und
Gelenkschützer, schusssichere
Westen und Schlagstöcke.

Spürwildschwein Luise

Dass die Polizei mit Spürhunden nach Drogen
oder Sprengstoff fahndet, ist bekannt. In Nieder-
sachsen stand 1985–1987 das Spürwildschwein
Luise dazu im Polizeidienst. Ein Polizeihunde-
führer hatte sie geschult, und die ungewöhnliche Schnüffelnase konnte tatsächlich einige
Sucherfolge für sich verbuchen. 1986 bekam
Luise einen Eintrag ins Guinness-Buch der
Rekorde: als erstes Spürwildschwein der Welt.

Profikletterer

In Deutschland gibt es nur wenige Bergprofis, die mit dem Freiklettern ihr Geld verdienen. Sie erschließen mit ihren Touren neue Routen über noch unbekannte Felswände, nicht nur in den Alpen, sondern auch in Bergregionen rund um den Globus. Sie scheuen dabei weder Anstrengung noch Extreme. Freiklettern heißt nicht unbedingt, dass die Sportler sich ohne Sicherung an die Felsen wagen. Seil und Haken sind mit dabei, sie werden aber nicht zur Vor- oder Aufwärtsbewegung genutzt, sondern nur zum Einhaken des Sicherungsseils mit einem Karabiner. Das Klettern selbst geschieht nur mithilfe von Händen und Füßen.

Mensch und Fels

Beim »Free Solo« allerdings verzichten die Kletterer auch noch auf die Sicherung. Sie liefern sich der Wand, die sie besteigen, komplett aus, im Vertrauen auf ihr Können, ihren Instinkt und Überlebenswillen. Was für die meisten Menschen der pure Horror ist, gilt passionierten Alleingängern als die ultimative Herausforderung. Nicht selten berichten sie, dass sie in den Momenten der Todesnähe ihr Leben intensiver erfahren. Ein wenig Absicherung

gönnen sich einige dann doch: Sie prüfen die Route vorher oft mehrfach und klettern sie gesichert.

Wie wird man Profikletterer?

Die meisten Freikletterer haben einen ganz normalen Beruf – und eine große Leidenschaft für den Bergsport. Talent und Ehrgeiz sowie viele Trainingsstunden machen sie zu außergewöhnlichen Sportlern.

Geld fürs Klettern

Sich für ihre Abenteuerlust bezahlen zu lassen, war unter den Bergfexen lange Zeit verpönt. Doch wer nichts anderes tun möchte, als tagtäglich klettern, der muss von irgendetwas leben. Einige der Cracks fanden Sponsoren oder bekamen Beraterverträge bei Bergsportausrüstern. Andere halten Diavorträge oder coachen Manager, die sie an ihren Extremerfahrungen und dem Umgang damit teilhaben lassen.

Wuchtige Eismassen

Kletterer sind auch an vereisten Bergen sowie auf gefrorenen Wasserfällen und selbst Eiszapfen unterwegs. Sie arbeiten sich mit messerscharfen Eispickeln, an denen sie sich zum Teil mit Klimmzügen hochziehen, und Kletttereisen empor. Bricht eine Eisscholle oder Eiskapelle unter oder über den Profis weg, können sie den Eismassen begraben werden. Auf diese Weise starb der Weltmeister im Eisklettern, der Österreicher Harald Berger, im Dezember 2006.

Keine Flüchtigkeitsfehler!

Selbst erfahrenen Kletterern unterlaufen Fehler, die tödlich enden können. Im September 2010 verunglückte einer der bekanntesten deutschen Top-Alpinisten, Kurt Albert, an einem Klettersteig in der Fränkischen Schweiz. Er war es, der Mitte der 1970er-Jahre das Freiklettern wiederbelebt und bekannt gemacht hatte. Ein nicht richtig gehandhabter Karabiner wurde ihm zum Verhängnis: Er stürzte ohne Kletterhelm 18 m in die Tiefe, an einer Wand, die für Anfänger geeignet ist.

Rettungssanitäter

Sie unterstützen Notärzte bei Kranken- und Rettungsdiensten, sind mit Auto oder Hubschraubern unterwegs. Rettungssanitäter arbeiten auch beim Blutspendedienst, bei der Feuerwehr oder bei Katastrophenhilfsdiensten. Schnell vor Ort zu sein, ist ihre Devise. Das kostet Nerven und manchmal das Leben.

Normalerweise eilen Rettungssanitäter Menschen in Not zu Hilfe. Gerät ihr Fahrzeug auf dem Weg zum Einsatz ins Schleudern und kippt um, sind sie zuweilen plötzlich selbst Patienten. Rettungswagen mit Blaulicht und Martinshorn dürfen sich über Verkehrsregeln hinwegsetzen. Kommt es zum Zusammenstoß mit anderen Autos, können sich die Insassen tödlich verletzen.

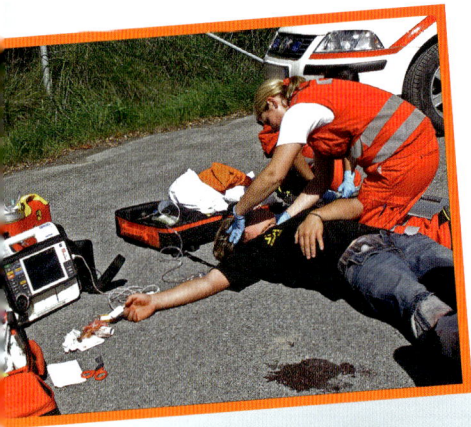

Vorsicht auf der Autobahn!

Bei Unfällen auf der Autobahn sind Sanitäter zusammen mit der Polizei oder Feuerwehr meist Ersthelfer. Ist die Unfallstelle noch nicht gesichert, müssen sie besondere Vorsicht walten lassen, um von den anderen Verkehrsteilnehmern nicht übersehen zu werden. Oft sind die Sanitäter zu Fuß auf dem Standstreifen oder sogar auf der Fahrbahn unterwegs, mit den Gedanken und der Aufmerksamkeit bei den Verletzten. Von einem Raser erfasst zu werden, passiert zwar nur selten, aber die Gefahr ist da.

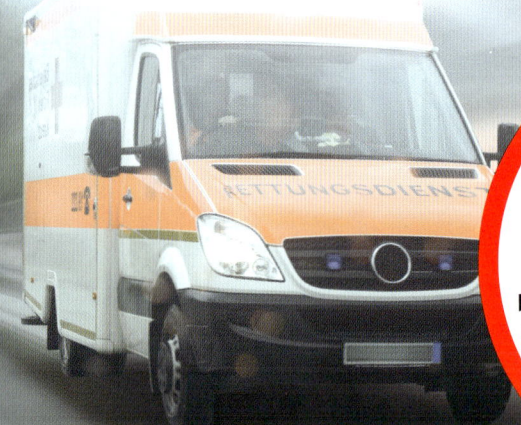

Wie wird man Rettungssanitäter?

Nach einem Hauptschulabschluss erfolgt – bei Interesse an medizinischen Themen – eine zweijährige praktische Ausbildung mit Unterricht an Berufsschulen. Für die staatliche Anerkennung ist dann noch ein einjähriges Praktikum zu absolvieren.

Zielscheibe in Afghanistan

Sanitäter bei der Bundeswehr können bei Auslandseinsätzen in Gefechte geraten, zum Beispiel mit den Taliban in Afghanistan. Sind ihre Einsatzfahrzeuge mit dem Emblem des Roten Kreuzes gekennzeichnet, garantiert ihnen dies keine Neutralität. Sie machen dadurch inzwischen eher auf sich aufmerksam und können erst recht beschossen werden. In den Feldlagern müssen sie mit Verwundung und Tod ihrer Kameraden zurechtkommen.

Absturzrisiko

Sanitäter sind auch an der Luftrettung beteiligt, sitzen mit in Intensivtransport- oder Rettungshubschraubern. Die Maschinen werden regelmäßig überprüft und gewartet. Trotzdem kann es zu Pilotenfehlern oder technischen Defekten kommen und der Hubschrauber auf dem Weg zum Einsatzort abstürzen. Je nachdem aus welcher Höhe das geschieht, sind die Überlebenschancen gering. Ein Flugunfall ist insbesondere dann verheerend, wenn der Flieger am Boden zerschellt oder gegen einen Berg prallt und in Flammen aufgeht.

Infektionsgefahr

Rettungssanitäter sind dafür verantwortlich, dass in ihren Wagen immer genügend Medikamente, Einwegspritzen und Verbandsmaterial zur Verfügung stehen. Bei ihren Einsätzen haben sie es mit unterschiedlichsten Krankheiten zu tun, die zum Teil ansteckend sein oder über Blut weitergegeben werden können. Aus Hygienegründen und zu ihrem eigenen Schutz vor Infektionen verwenden sie daher Einmalhandschuhe, manche haben auch noch ein Handdesinfektionsspray dabei.

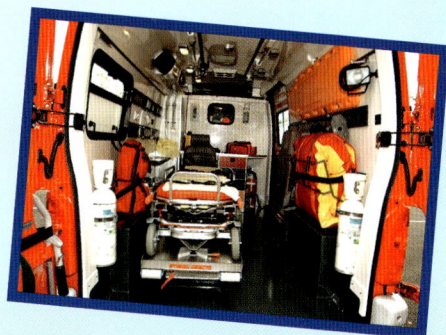

Schlangen-beschwörer

Ein Mann sitzt mit einem Blasinstrument vor einem Korb und spielt. Plötzlich erhebt sich der Korbdeckel und eine Kobra kommt zum Vorschein. Ihr Kopf bewegt sich im Rhythmus der Musik hin und her. Was harmonisch wirkt, ist eine Drohgebärde der Schlange, die anzeigt, dass sie jederzeit zubeißen kann.

Die Kunst des Schlangenbeschwörers besteht nun darin, es nicht so weit kommen zu lassen, das Tier aber trotzdem zu reizen. Der obere Teil der Flöte,

die sein Handwerkszeug ist, besteht aus einem Kürbis. Die Form ähnelt einer Kobra mit aufgespreiztem Nackenschild. Die beschworene Schlange sieht darin einen Artgenossen in Angriffs- oder Balzlaune.

Taub wie eine Schlange?

Die Flöte, die der Schlangenbeschwörer benutzt, dient wirklich nur dazu, der Schlange ein Gegenüber anzubieten. Die Musik lässt die Reptilien kalt, jedenfalls besitzen sie kein Trommelfell, das die Schwingungen aufnehmen könnte. Völlig taub sind sie aber auch nicht: Sie »hören« mit ihrem Unterkiefer. Legen sie ihren Kopf etwa in den Sand, übertragen sich Bodenvibrationen auf den Knochen und werden so zum Innenohr weitergeleitet.

Komplette Überreizung

Manchmal hat der Schlangenbeschwörer auch noch Fellstreifen oder Federbüschel an der Flöte angebracht. Damit täuscht er zusätzlich ein Beutetier vor, was die Kobra völlig verwirrt. Sie weiß nicht, welchem Signal sie folgen soll: Abwehr, Angriff, Paarung … Unfähig zu reagieren, bleibt sie in einer abwartenden Haltung, die der Zuschauer als »Tanz« deutet.

Gefahreneinstufung:
Wer seine Kunst beherrscht,
fürchtet das Gift der Schlange nicht.

Gezogene Zähne

Die Kobra, sei es die Indische, die Ägyptische oder die Königskobra, gehört zu den Giftnattern. Sie gelten als eigentlich wenig aggressive Schlangen, die in der freien Natur dem Menschen eher ausweichen. Ihr Biss kann tödlich sein, wenn eine große Giftmenge ins menschliche Blut gelangt. Es lähmt die Atmung und zerstört die Blutgefäße. Die meisten Schlangenbeschwörer kennen Gegenmittel gegen Schlangenbisse. Gelegentlich entschärfen sie jedoch ihre Schlangen auch, indem sie ihnen die Giftzähne ziehen. Diese Prozedur, die in Nordafrika einigen Schlangenbeschwörern als Sünde gilt, müssen sie jedoch ständig wiederholen, da die Zähne nachwachsen.

Wie wird man Schlangenbeschwörer?

In Nordafrika, Indien und Südostasien erbt man diesen Beruf meist von seinen Vorfahren. Sie haben oft seit Tausenden von Jahren mit dem Schlangenbeschwören den Lebensunterhalt ihrer Familie verdient.

Berufsverbot?

Seit 2003 hindert die indische Regierung die Schlangenbeschwörer vermehrt daran, ihren Beruf auszuüben. Der Grund: Da sie die Tiere in freier Wildbahn fangen und es sich um geschützte oder bedrohte Arten handelt, würden sie dadurch dazu beitragen, die Schlangen auszurotten. Immer mehr Schlangenbeschwörer kommen ins Gefängnis, ihre Schlangen verenden meist kläglich in überbelegten Zoos. Ob diese Art von Tierschutz zur Vermehrung frei lebender Schlangen, damit aber auch zu mehr tödlichen Bissen führt, weiß noch niemand.

Schlangenmelker

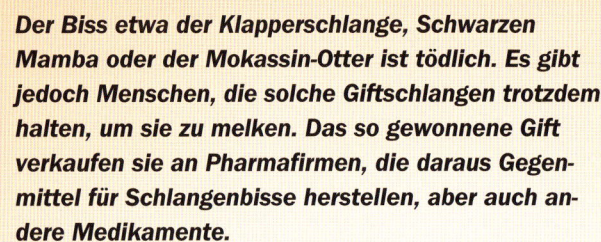

Der Biss etwa der Klapperschlange, Schwarzen Mamba oder der Mokassin-Otter ist tödlich. Es gibt jedoch Menschen, die solche Giftschlangen trotzdem halten, um sie zu melken. Das so gewonnene Gift verkaufen sie an Pharmafirmen, die daraus Gegenmittel für Schlangenbisse herstellen, aber auch andere Medikamente.

Das Melken ist eine recht gefährliche Sache: Mit einem Griff muss der Schlangenmelker die todbringende Schlange am Hinterkopf zu packen kriegen. Dann lässt er sie in eine Folie beißen, die über ein Glas gespannt ist. Dabei rinnt das Gift aus der Öffnung der Zähne der Schlange und fließt in den Behälter. Es wird zwei Wochen lang getrocknet, wobei es kristallisiert.

Nur kein Krampf

Das Melken der Schlange braucht ein wenig Kraft. Das Tier soll in einer Position gehalten werden, damit es sich nicht winden und entwischen kann. Bekommt der Schlangenmelker dabei einen Krampf in der Hand und hat die Schlange ihre Giftportion noch nicht restlos abgegeben, kann der Halter noch gebissen werden. Hoffentlich steht dann das passende Gegengift in Reichweite.

Immer auf der Hut

Damit die Schlange ihr Gift abgibt, massiert der Schlangenmelker zusätzlich ihre Giftdrüsen am Oberkiefer. Dabei muss er hoch konzentriert sein und darf sich

Wie wird man Schlangenmelker?

In Ländern wie Südafrika oder den USA können Interessierte eine Ausbildung zum Schlangenmelker auf einer Schlangenfarm machen. Geschicklichkeit und eine Faszination für Reptilien sollten bereits vorhanden sein.

Gefahreneinstufung:

Mit einem Händchen für Schlangen geht meist nichts schief.

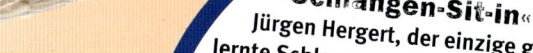

»**Schlangen-Sit-in**«

Jürgen Hergert, der einzige gelernte Schlangenmelker in Europa und studierter Zoologe, hält den Weltrekord im Zusammenleben mit Giftschlangen. Der Mann, der in Schladen im Harz eine Schlangenfarm betreibt, verbrachte 1982 mit den Nattern 90 Tage auf engstem Raum. 1986 weitete er den Rekord auf 100 Tage aus. Seine Schlangenfarm, mit der größten Reptiliensammlung der Welt, kann besichtigt werden.

keine Unachtsamkeit erlauben. Bei einem Biss können bis zu 100 mg Gift in den menschlichen Blutkreislauf gelangen. Ein Zehntel davon, also 10 mg, reicht allerdings schon aus, um einen Menschen zu töten. Je nach Art des Giftes wird dem Gebissenen übel und er muss sich erbrechen. Oder er bekommt höllische Schmerzen, Fieber, Kopfschmerzen sowie Krämpfe und beginnt zu fantasieren. Im schlimmsten Fall kommt es zum Herzstillstand. Wer Glück hat, kann danach noch wiederbelebt werden.

Menschenleben retten

Im Antiserum rettet ein Bruchteil des Schlangengifts, das mit Schweine- oder Rinderblut aufbereitet wurde, das Leben von Menschen, die von einer Schlange gebissen wurden. Wissenschaftler haben sich bei ihren Forschungen auch von der Zusammensetzung des Schlangengifts inspirieren lassen und zum Beispiel blutdrucksenkende Arzneimittel entwickelt, die das Blut verdünnen. Andere Mediziner behandeln bestimmte Krebsarten mit Schlangengift und sehen erste Erfolge.

Schwefelstecher

Sie steigen jeden Tag auf den Ijen-Vulkan auf Java in Indonesien: Schwefelstecher, die ihre harte Arbeit für die Zucker- und chemische Industrie leisten. Obwohl die Arbeitsbedingungen unmenschlich sind und die Gesundheit leidet, ist der Job unter den Männern auf der Insel sehr begehrt.

Eigentlich muss natürlich vorkommender Schwefel nicht mehr abgebaut werden. Er fällt massenhaft als Nebenprodukt bei der Erdgas- und Erdöldestillation an. Der Grund, warum es auf Java trotzdem Schwefelstecher gibt: Sie zu beschäftigen, ist noch billiger, als Schwefel auf dem Weltmarkt zu kaufen, da es in ihrer Gegend kaum Arbeitsplätze gibt.

Täglich in der Hölle

Die Arbeiter steigen jeden Tag in den Krater des Vulkans, der Schwefelgas spuckt. Nur mit einer Eisenstange ausgerüstet, brechen sie Schwefelplatten oder -brocken aus dem Höllenschlund – seit 1968 täglich acht Tonnen. Dichter, beißender Rauch steigt auf, brennt in den Augen, dringt in die Atemwege und verätzt ihre Lungen. Schutz soll ein feuchtes Tuch bieten, das sich die Männer über Mund und Nase binden. Nach ein paar Monaten in der stinkenden Umgebung verlieren die Männer ihren Geschmacks- und Geruchssinn. Ihre Lebenserwartung liegt mit 50 Jahren rund zehn Jahre unter dem Landesdurchschnitt.

Unberechenbar

Der Kraterboden des Ijen-Vulkans ist zu zwei Dritteln von einem türkisblauen See bedeckt, an dem die Schwefelquellen liegen. Er sieht schön aus, wird von Geologen aber als »größtes Säurefass der Erde« bezeichnet. Sein Wasser besteht aus einem ätzenden Salz- und Schwefelsäure-Gemisch. Auch der Vulkan kann rumoren: Immer wieder kommt es zu plötzlichen Gasausbrüchen, bei denen, wie 1989 und 1991, Schwefelstecher sterben.

Mit bloßen Händen

Die Schwefelstecher verzichten nicht nur auf Atemschutzmasken, sie tragen auch keine Arbeitshandschuhe. Das Schwefelgas, das der Vulkan abgibt, ist rund 200 °C heiß. In Rohren wird es auf den Kratergrund geleitet, es kondensiert zu einer Brühe und erstarrt zu gelbem Gestein. Dabei weist es aber immer noch beachtliche Temperaturen auf. Sich die Hände beim Stechen des Rohstoffs zu verbrennen, ist keine Seltenheit.

Wie wird man Schwefelstecher?

Die Männer stehen Schlange, um für die Firma arbeiten zu dürfen, die von der indonesischen Regierung die Lizenz zum Schwefelabbau bekommen hat. Eine robuste Gesundheit und Fitness sind von Vorteil.

Echte Knochenarbeit

Die Schwefelbrocken packen die Männer in zwei Körbe, die über eine Rattanstange miteinander verbunden sind. Diese hieven sie auf ihre Schultern und beginnen mit dem Aufstieg vom Kratergrund zum Kraterrand. Dabei lastet oft weit mehr als das eigene Körpergewicht auf ihnen, weshalb sie für die zwei Kilometer eine Stunde brauchen. Trittsicherheit ist beim Hochklettern ein unbedingtes Muss: Auszurutschen kann mit schweren Knochenbrüchen oder dem Tod enden.

Soldat

Soldaten stellen die Armee eines Landes, das sie beschützen und verteidigen sollen. In der Bundesrepublik Deutschland werden die Streitkräfte als Bundeswehr bezeichnet. Im Frieden unterstehen die dort dienenden Männer und Frauen dem Verteidigungsminister, im Verteidigungsfall dem Bundeskanzler. In vielen Ländern der Erde genießen Soldaten großes Ansehen, werden mit Tapferkeitsmedaillen geehrt und Orden ausgezeichnet. Die Friedensbewegung hingegen prangert den bewaffneten Kampf zur Lösung von Auseinandersetzungen seit Langem an. Mit Maschinengewehren, Panzern und Raketen umzugehen und sie einzusetzen, ist Teil der Ausbildung von Soldaten.

Soldatenlaufbahn

In Deutschland durchlaufen alle Rekruten zunächst einen Grundwehrdienst. Sie machen Schießübungen, lernen, Wachdienst zu schieben und wie sie als Einsatzersthelfer verletzte Kameraden unter Gefechtsbedingungen versorgen. Wer sich als Soldat verpflichtet, beginnt danach eine Laufbahn beim Heer, bei der Luftwaffe oder Marine. Manchmal sterben junge Soldaten bereits während der Soldatenausbildung an tödlichen Schussverletzungen. Hauptursache ist der unsachgemäße Umgang mit ungesicherten Waffen.

Wie wird man Soldat?

Bis zum 1. Juli 2011 waren alle männlichen bundesdeutschen Staatsbürger ab dem vollendeten 18. Lebensjahr wehrpflichtig. Diese Wehrpflicht ist nun ausgesetzt – nicht abgeschafft! –, wer Soldat werden will, bewirbt sich als Zeit- oder Berufssoldat bei der Bundeswehr.

Frieden erhalten und sichern

Während in anderen Ländern Europas, aber auch in Amerika, der Auslandseinsatz von Soldaten bereits die Regel ist, nimmt die Bundeswehr erst seit der deutschen Wiedervereinigung 1990 daran teil – um Krisen im Vorfeld einzudämmen und zu schlichten. Wo die Grenze zwischen solchen Einsätzen und der Teilnahme an einem Krieg verläuft, ist nicht immer eindeutig. 1999 beteiligte sich Deutschlands Luftwaffe mit 500 Einsätzen am Kosovo-Krieg, hat sich aber auch bei UN-Missionen in Kambodscha und Afrika engagiert.

Frauen beim Bund

Ab 1975 durften Ärztinnen und Apothekerinnen von der Bundeswehr angestellt werden. Ab 1988 konnten sie als Sanitäterinnen oder im Militärmusikdienst dort arbeiten. Aufgrund einer Entscheidung des Europäischen Gerichtshofs steht Frauen seit dem 1. Januar 2001 jede Laufbahn beim deutschen Militär offen. Die allgemeine Wehrpflicht betraf aber nur Männer – Frauen dürfen nicht zum Dienst an der Waffe verpflichtet werden.

Einsatz am Hindukusch

Ende 2001 beschloss die deutsche Bundesregierung, im NATO-Verbund in Afghanistan gegen Terroristen zu kämpfen. Für Deutschland sind 2011 über 5 000 Soldaten dort im Einsatz. Es ist das erste Mal seit dem Zweiten Weltkrieg, dass deutsche Soldaten in Feuergefechte verwickelt sind, töten und getötet werden. Sie werden auch Opfer von Selbstmordanschlägen oder geraten in Sprengfallen. Über 50 sind bisher ums Leben gekommen, viele Rückkehrer an Leib und Seele geschädigt.

Stahlarbeiter

Stahl ist einer der wichtigsten Werkstoffe unserer Zeit. Er wird zum Beispiel für den Bau von Hochhäusern, Brücken, Schiffen, Flugzeugen und Schienen gebraucht. Ausgangsmaterial ist Eisenerz, aus dem unter den wachsamen Augen der Stahlarbeiter in Hochöfen Roheisen und schließlich Stahl gewonnen wird.

Bis zu 1500 °C heiß ist die Eisensuppe, die Stahlarbeiter aus den Hochöfen in sogenannte Torpedowagen fließen lassen, wobei sie Funken sprüht. Früher trugen die Männer dabei nur normale Anzüge und Hüte, die ohne Weiteres Feuer fangen konnten. Diese Gefahr ist heute dank feuerfester Anzüge, Schutzhelme und -brillen weitgehend gebannt.

Wie wird man Stahlarbeiter?

Dreieinhalb Jahre dauert die Ausbildung zum Verfahrensmechaniker/zur Verfahrensmechanikerin in der Hütten- und Halbzeugindustrie Fachrichtung Eisen- und Stahl-Metallurgie.

Heiß und flüssig

Zwei Tage lang hält ein Ofen die Masse flüssig, bevor sie in Konverter umgefüllt wird. Erst dort geschieht die Umwandlung zu Stahl: Mit Schrott versetzt und vermischt, wird dem ganzen Sauerstoff eingeblasen. Im dadurch ausgelösten Brennvorgang bei 2000 °C sinkt nach und nach der Kohlenstoffanteil auf unter 2,7 Prozent – flüssiger Rohstahl ist entstanden, der jetzt gegossen, also in Form gebracht werden kann. Im Umgang mit der heißen Eisenglut müssen die Stahlarbeiter gerade beim Umfüllen achtsam bleiben, sonst kann es trotz Schutzkleidung zu lebensbedrohlichen Verbrennungen kommen.

Explosionsgefahr

Gerät eine größere Menge Wasser in den flüssigen Stahl, kann der Stahlofen in die Luft gehen. Nicht nur die herumfliegenden Trümmer können die Arbeiter erheblich verletzen oder töten, sondern auch die frei werdende glühend heiße Stahlsuppe. Zur Verpuffung kann es auch kommen, wenn entgegen

Gefahreneinstufung:

Flüssiger Stahl verdient gehörigen Respekt.

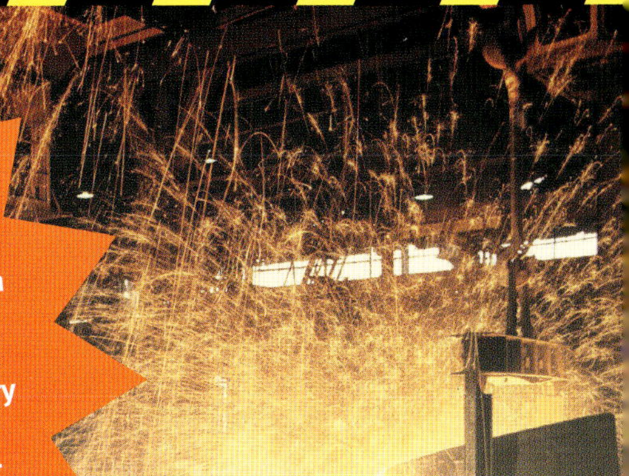

Stahl in Massen

Bevor bei der Stahlherstellung Pressluft in das Roheisen geblasen wurde, um dadurch den Kohlenstoff zu verbrennen, haben die Arbeiter die Stahlschmelze noch selbst durchrühren müssen. Auf diese Weise wurden früher die unbrauchbaren Anteile vom Eisen getrennt. Der Brite Henry Bessemer erfand im 19. Jahrhundert die Bessemerbirne zur Entkohlung des Roheisens durch Luft- und Dampfzufuhr. Dadurch ermöglichte er die Massenproduktion von Stahl.

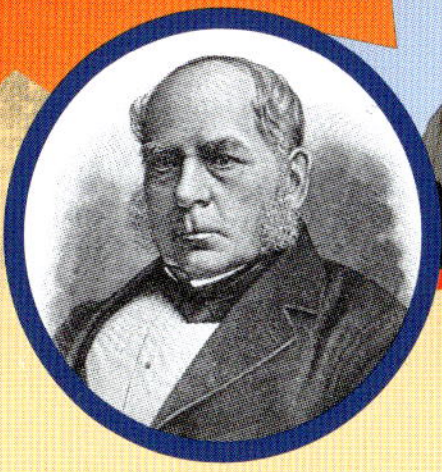

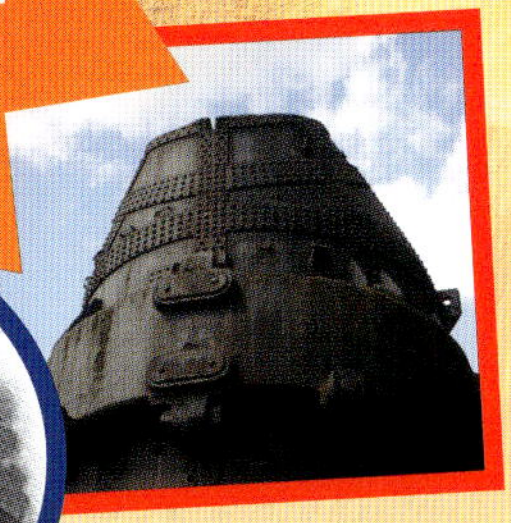

der Vorschriften eine Gussform nicht geleert und mit Reststahl noch weiter aufgegossen wird. Auch dabei kann flüssiger Stahl explosionsartig herausgeschleudert werden.

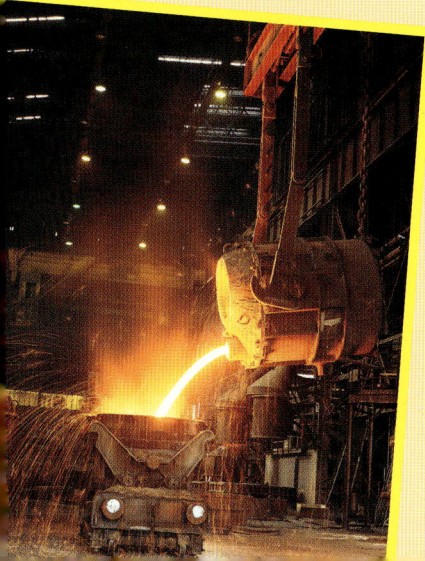

Vorsicht bei Wartungsarbeiten

In Stahlwerken wird mit riesigen Maschinen, Öfen, Walzen und Kesseln gearbeitet. Die Teile besitzen ein erhebliches Gewicht. Wenn sie sich aufgrund eines technischen Defekts oder von Materialermüdung lösen, können Menschen davon erschlagen werden. Auch die Rutschgefahr ist nicht zu unterschätzen: Wer auf glitschigem Untergrund den Halt verliert, läuft Gefahr, sich an einem schweren Eisenteil den Kopf so stark anzuschlagen, dass jede Hilfe zu spät kommt.

Stierkämpfer

Tierschützer hassen den blutigen Kampf Mensch gegen Tier, doch vor allem in Spanien gehört der Stierkampf zur Tradition (nur in Katalonien seit 2012 verboten). Auch in Mexiko, Portugal oder Südfrankreich gibt es berühmte Toreros. Ihre Aufgabe ist es, den Stier zu töten – ohne vorher selbst auf die Hörner genommen zu werden. Eine Corrida, die Stierkampfveranstaltung, setzt sich aus sechs je 20-minütigen Kämpfen zusammen. Welcher Matador welchem Stier gegenübertritt, entscheidet das Los. Jeder Kampf gliedert sich in drei Teile: In den ersten beiden Dritteln »spielt« der Torero mit dem durch Spieße und Lanzen verletzten Tier, erst danach wird es ernst.

Duell in der Arena

Der Matador steht dem Stier nur noch mit einem dunkelroten Tuch, der »Muleta«, und einem Degen gegenüber. Sein Ziel: den Stier mit einem Stich durch den Nacken ins Herz zu erledigen. Die Attacken des Tieres werden durch die Bewegungen, nicht die Farbe des Tuches ausgelöst. Der Stierkämpfer weicht ihnen meist elegant aus, wobei es überlieferte Figuren und Bewegungsabläufe gibt. In gefährlichen Situationen kommen Helfer dazu und lenken den Stier ab.

Wie wird man Stierkämpfer?

Früh übt sich, was ein Meister-Torero werden will. Oft sind es die Söhne berühmter Matadoren, die von ihren Vätern in die Kunst des Stierkampfs eingeweiht werden. In der Stierkampfschule in der andalusischen Stadt Jerez können sich Männer und Frauen ausbilden lassen.

Messerscharfe Hörner

Doch manche Stierangriffe gehen einfach zu schnell: 2010 rutschte der Star-Torero »Julito« Aparicio beim Kampf aus. Noch während er fiel, bohrte sich das Horn des auf ihn zurasenden Stiers von unten durch seinen Kiefer und trat aus dem Mund wieder aus – ein grauenhafter Anblick. Nur

eine Notoperation konnte den
Matador retten. Die sehr spitzen
Hörner können den Torero auch
an anderen Stellen empfindlich
verletzen, ihm Arme, Beine oder
den Unterleib aufreißen. Wird
die Hauptschlagader getroffen,
besteht die Gefahr, innerhalb
weniger Minuten zu verbluten.

Gerammt oder hochgehoben

Stierkämpfer, die von einem Stier
gerammt und nicht aufgespießt
werden, gehen trotzdem zu
Boden. Die Tiere bringen immerhin 500–600 kg auf die Waage.
Es ist reines Glück, bei einem
solchen Sturz nicht unter die
Hufe der Bullen zu geraten und zu
Tode getrampelt zu werden. Trifft
der Schädel des Stiers den Kopf
des Matadors, kann ihm dies
das Genick brechen. Der Zusammenprall mit dem Stier befördert
manche Toreros auch in hohem
Bogen durch die Luft.

Paso Doble

Was wäre der
Stierkampf ohne Musik?
Der Paso Doble wird in fast
allen Etappen der Veranstaltung gespielt, begleitet die
Matadoren beim Einmarsch, soll
sie beim Kampf selbst ermutigen
und ertönt zum Schluss der Corrida.
Als Turniertanz bildet der Paso Doble den
Stierkampf nach: Dabei steht der Mann für
den Torero, die Bewegungen der Dame empfinden angeblich die des roten Tuches nach.

Straßenwärter

Straßen und Autobahnen müssen gepflegt und instand gehalten werden, damit die Verkehrssicherheit nicht gefährdet wird. Straßenwärter räumen, warten und reparieren sie, sichern Unfall- und Baustellen ab – während der Verkehr weiterrollt. Acht bis zehn Arbeiter jährlich verlieren bei diesem Job das Leben.

Die Männer in Orange machen weiträumig mit Schildern auf der Fahrbahn oder an ihren Fahrzeugen auf sich und ihre Kollegen aufmerksam. Trotzdem sind sie bei ihrer Arbeit an Wanderbaustellen, beim Zurückschneiden von Bäumen und Sträuchern oder beim Aufstellen von Leitpfosten, Sicherheitsplanken und Verkehrsschildern stark gefährdet.

Raser und Drängler

Viele Autofahrer nehmen die Straßenwärter nur als lästiges Hindernis wahr. Deshalb drosseln einige trotz Temposchild nicht ihre Geschwindigkeit. Andere meinen, die langsam fahrenden, orangen LKW der Straßenmeisterei abdrängen zu müssen. Dabei gehen nicht nur Außenspiegel kaputt: Manche Fahrzeuge wurden beim

Entlangschrammen an Lärmschutzwänden regelrecht aufgeschlitzt, die Insassen verletzt.

Weitgehend ausgeliefert

Von Auffahrunfällen mit Schleudertrauma als Folge sind Straßenwärter besonders häufig betroffen. Oft erkennen die Verkehrsteilnehmer sie trotz aller Hinweisschilder und der auffälligen Farbe nicht rechtzeitig und rammen sie. Die Unachtsamkeit der anderen Autofahrer wird für die Straßenwärter richtig gefährlich, sobald sie ihren

Mit Wurfgeschossen rechnen

Man hält es kaum für möglich, doch Straßenwärter werden auch von stressgeplagten Autofahrern beschimpft, bespuckt und sogar beworfen. Die Munition reicht von Getränkedosen bis Obststeinen – was harmloser klingt, als es ist. Die Geschwindigkeit, mit der etwas aus einem fahrenden Auto gefeuert wird, macht es zum Geschoss. Trifft es mit großer Wucht auf, kann das zu erheblichen Verletzungen führen.

LKW verlassen. Augen und Ohren offen zu halten und sich manchmal nur auf Verdacht mit einem beherzten Sprung über die Leitplanke in Sicherheit zu bringen, hat schon so manchem von ihnen das Leben gerettet. Es gibt jedoch Situationen, in denen Straßenwärter dem Zusammenstoß nicht ausweichen können und umkommen.

Ein eigenes Wappen

Seit 1988 hat die Zunft der Straßenwärter ihr eigenes Wappen. Es wurde ihr gestiftet und vereint auf einem Schild eine Straße mit einem Kleinlastkraftwagen und ein stilisiertes Rad, das den Straßenverkehr symbolisiert. Ein Eiskristall und ein Baum deuten auf den Winterdienst und die Grün- und Gehölzpflege hin, die mit zu den Aufgabenbereichen der Straßenwärter gehören.

Wie wird man Straßenwärter?

Um die dreijährige Ausbildung beginnen zu können, ist die Berufsschulreife nötig. Es sollten ein Interesse für Technik und handwerkliches Geschick vorhanden sein sowie die Lust, im Team zu arbeiten.

STREUDIENST

Stuntman/ Stuntwoman

Vor allem Action-Filme leben von gefährlichen Szenen wie wilde Verfolgungsjagden mit Autos, Motorrädern oder auf Skiern, gewagte Sprünge und Stürze oder Prügeleien und Kämpfe. Sie werden jedoch selten mit dem Schauspieler selbst gedreht, sondern mit einem männlichen oder weiblichen Stuntdouble. Stuntmen brauchen neben Mut jede Menge Durchhaltevermögen und Disziplin, da sie viele Abläufe so lange üben müssen, bis sie wirklich perfekt sitzen. Wer schon eine herausfordernde Sportart wie Surfen, Snowboarden, Abfahrtski, Mountainbike- oder Motocross beherrscht, ist sicher im Vorteil und kann seine Kenntnisse gut nutzen und weiterentwickeln.

Feuer und Wasser

Für manche Filmszenen werden Stuntmen zu lebenden Fackeln. Sie tragen dabei feuerfeste Kleidung und ein bestimmtes Gel auf, das die Haut eine Zeit lang schützt. Trotzdem müssen die Flammen rechtzeitig gelöscht werden, damit es nicht zu Verbrennungen kommt. Bei Wasserstunts ist hauptsächlich Geschwindigkeit Trumpf, wenn der Stuntman auf Wasserskiern oder im Boot daherrast. Er springt auch von Felsklippen ins Meer. Oder er sitzt in einem Auto, das in einen Fluss fällt und untergeht. Dabei muss er rechtzeitig aussteigen, um nicht zu ertrinken.

Stuntshows

Wer einmal Stuntmen bei der Arbeit und Nervenkitzel pur erleben möchte, kann eine Stuntshow besuchen, zum Beispiel im Filmpark Babelsberg. Dort erhalten Besucher einen Eindruck davon, was die Stuntmen leisten, um aufsehenerregende Bilder für die Kamera zu erschaffen. »High Falls« aus 20 Metern Höhe werden ebenso gezeigt wie Verfolgungsjagden und spektakuläre Explosionen.

Gefahreneinstufung:
Stunts sind gut vorbereitet,
nur wenige gehen schief.

Hals- und Beinbruch

Manche Stuntdoubles tragen bei vorgetäuschten Kämpfen tatsächlich Knochenbrüche davon, etwa wenn ein Stuhlbein auf ihrem Rücken niedergeht. Auch gewagte Reitszenen, wie im Galopp von einem Pferd auf ein anderes zu wechseln oder auf dem Rücken der Tiere stehend eine Kutsche zu lenken, können mit üblen Stürzen oder einem Genickbruch enden. Spektakuläre Autocrashs werden gut vorbereitet und abgesichert. Doch wie bei Motorradsprüngen ist der tatsächliche Ablauf im Voraus nicht vollständig kalkulierbar.

Wie wird man Stuntman/ Stuntwoman?

In Deutschland ist Stuntman/ Stuntwoman kein anerkannter Beruf, weshalb es keine geregelte Ausbildung gibt. Interessierte können sich bei Stuntteams bewerben und sollten Sportlichkeit und eine gute Körperbeherrschung mitbringen.

Luftakrobatik

Waghalsige Manöver mit Helikoptern oder Flugzeugen beherrschen Stuntmen ebenfalls. Sie machen auch Fallschirmsprünge, seilen sich von Helikoptern ab oder stellen sich auf die Tragflächen fliegender Doppeldecker. Die allerneueste Stunteinlage ist das »Wingsuit-Flying«. Dabei fuhren 2011 ein Stuntman und ein Extremsportler auf Skiern in einem Batman-ähnlichen Kostüm über den Rand einer Felswand. Dann warfen sie Skier und Stöcke ab und glitten nur per Flugdress im freien Fall durch die Luft.

Taucher

Berufs- oder Profitaucher begeben sich in Gewässer, die nicht gerade verlockend sind: trübe Hafenbecken und Fahrrinnen, schlammige Kanäle, stinkende Faultürme von Kläranlagen oder Kühlwasser von Reaktoren. Dort führen sie Instandhaltungs-, Entrümpelungs- oder Reinigungsarbeiten durch oder bergen Wracks.

In Deutschland dürfen nur Berufstaucher gewerbliche Arbeiten unter Wasser durchführen. Viele von ihnen kommen aus einem handwerklichen Beruf, den sie nun in zum Teil sehr schweren Taucheranzügen in bis zu 200 m Wassertiefe ausüben. Dabei müssen sie sehr konzentriert und nervenstark sein – Panik wäre fehl am Platz.

Gut vorbereiten

Druckluftflaschen mit Atemregler gehören zu jedem Taucheinsatz, ebenso wie der für den Einsatz passende Tauchanzug. Er soll den Taucher vor Unterkühlung bewahren, in manchen Fällen aber auch vor Überhitzung. Üblich ist der einteilige Trockentauchanzug mit wasser- und gasdichtem Reißverschluss für Ein- und Ausstieg. Gegen Kälte kann er zusätzlich durch Pressluft isoliert werden. Dann muss vorher in flachem Gewässer getestet werden, wie sich so ein aufgeblasener Anzug verhält. Nur so weiß der Taucher, wie er dieses Luftvolumen ausbalanciert.

Wie wird man Taucher?

Geprüfter Taucher, so seit dem Jahr 2000 der offizielle Name für Berufstaucher, ist eine Zusatzausbildung. Gelernte Handwerker, die als Mechaniker, Schiffsbauer oder Zimmerleute schon Erfahrung haben und über eine gute Gesundheit verfügen, können sie machen.

Gefahreneinstufung:
Unachtsamkeit kann schwerste
Folgen nach sich ziehen.

Trübe Aussichten

Immer drei Mann arbeiten zusammen: Taucher, Signalmann und ein Sicherungstaucher. Bei Gefahr wird der Mann unter Wasser per Signalleine und Funk geortet. Sollte die Leine reißen und der Funkkontakt abbrechen, ist es für das Rettungsteam schwer, ihn im trüben Wasser zu finden. In durch Bakterien oder Chemikalien verunreinigten Gewässern muss der Taucher darauf achten, dass über die Luftzufuhr keine Bakterien oder giftigen Dämpfe in seine Lunge geraten und sie zersetzen.

Besondere Gefahren

Beim Bau von Offshore-Ölbohrinseln untersuchen Profitaucher den Meeresgrund auf dort verlaufende Kabel oder harte Felsen. So finden sie heraus, wo die bis zu acht Tonnen schweren Verankerungspfähle am besten in den Boden gerammt werden können. Von einem solchen Pfeiler erschlagen zu werden, kommt vor – aber eher selten. Gefahr droht beim Aufstieg: Wer in extremen Meerestiefen gearbeitet hat, darf nur sehr langsam und über Druckkammern aufsteigen – das kann Tage dauern.

Bautaucher in Berlin-Mitte

Im Winter 1994/1995 wurden beim Bau der Hochhäuser am Potsdamer Platz 80 Unterwasserarbeiter eingesetzt. Da in Berlin der Grundwasserspiegel sehr hoch liegt, füllten sich die Baugruben mit Wasser. Die Fundamente wurden dennoch gegossen: in den rund 23 m tiefen, künstlichen Bauseen. Und obwohl die Außentemperatur -15 °C betrug, war das Wasser selbst konstant 2 °C »warm«.

Taxifahrer

Gute Ortskenntnisse sind für einen Taxifahrer unerlässlich – obwohl er heute auch ein Navigationssystem einsetzen kann. Er befördert Personen gegen einen bestimmten Preis von A nach B. Dabei berechnet ein Taxameter, was der jeweilige Fahrgast für die zurückgelegte Strecke zahlen muss. In Deutschland sind etwa 50 000 Taxis zugelassen, viele gehören Taxiunternehmern, die Fahrer beschäftigen. Manche Fahrer besitzen auch ihr eigenes Taxi. Ein Großteil der Taxifahrer hat sich einer der bundesweit 500 Taxizentralen angeschlossen. Sie nehmen die Anfragen von Kunden entgegen und vermitteln die Fahrten über Funk an die Taxifahrer.

Wie wird man Taxifahrer?

Neben einem Führerschein der Klasse B, einem polizeilichen Führungszeugnis und einem Gesundheitscheck braucht man noch zwei Jahre Fahrpraxis und sollte mindestens 21 Jahre alt sein. Erst dann kann man sich beim Straßenverkehrsamt zur Prüfung für den Taxischein anmelden.

Hilfe, Überfall!

Ob die Menschen, die in ihr Taxi steigen, ihnen wohlgesinnt sind oder nicht, wissen Taxifahrer vorher nicht. Überfälle gehören zu ihrem größten Berufsrisiko. In Europa werden der Statistik nach die meisten Taxifahrer in Deutschland, Frankreich und Norwegen überfallen. In Deutschland kommt das vor allem in Ballungsgebieten wie Berlin und Hamburg besonders häufig vor, oftmals in der Zeit zwischen Mitternacht und Morgengrauen. Die Täter sind meist 18–30 Jahre alt und schlagen spontan und unvorbereitet zu.

Antenne mit Trauerflor

Immer wieder werden Taxifahrer Opfer von kaltblütigen Raubmorden. Manche sind von der Rückbank aus mit einem Kopfschuss getötet, andere erstochen worden – die Täter wollten an das Geld im Dienst-Portemonnaie des Fahrers kommen. Ihre Trauer um die getöteten Kollegen zeigen die Taxifahrer mit schwarzen Bändern an den Antennen ihrer Wagen. Einige Taxler haben sich zusammengeschlossen, um in Sicherheitstrainings zu lernen, wie sie sich in gefährlichen Situationen verhalten und was sie zu ihrem eigenen Schutz tun können.

Immer mehr Unfälle

Seit 1996 sind die Unfallzahlen unter Taxifahrern um 60 Prozent gestiegen. Da sie viel auf der Straße unterwegs sind, werden sie häufiger in Zusammenstöße mit schweren Sachschäden und verletzten Personen verwickelt. Die Unfälle sind nicht immer selbst verschuldet, etwa durch Alkoholmissbrauch oder zu schnelles Fahren. Sie werden auch von anderen Verkehrsteilnehmern oder auch durch Wildwechsel verursacht. Ein Fahrtraining speziell für Taxifahrer soll Abhilfe schaffen.

Der Eiserne Gustav

Bevor es Autos gab, nahmen die Menschen statt eines Taxis die Pferdedroschke. Einer der berühmtesten Droschkenfahrer war der Berliner Gustav Hartmann. Er fuhr, angeblich aus Protest gegen die Motorisierung, vom 2. April bis zum 4. Juni 1928 mit seiner Droschke von Berlin nach Paris. Zurück in Berlin, gründete er eine Stiftung, um Hinterbliebene von bei der Arbeit getöteten Taxifahrern zu unterstützen.

U-Boot-Fahrer

Es war ein alter Traum der Menschen, nicht nur mit Schiffen auf dem Meer zu kreuzen, sondern in Unterwasserbooten auch seine Tiefen zu erkunden. Im 19. Jahrhundert wurden die ersten brauchbaren U-Boote entwickelt, rund 100 Jahre später führten U-Boot-Fahrer sie zu Ruhm – vor allem als Abwehrwaffen im Krieg.

Die meisten U-Boote gehören heute dem Militär, haben Atomantrieb und Waffen an Bord. Sie leisten Aufklärungsarbeit, auch im Anti-Terror-Kampf. Stickige Luft und Enge erwarten die U-Boot-Fahrer in den langen, schmalen Booten. In angespannten Situationen nicht in Panik zu verfallen, trainiert die Besatzung vor ihren Fahrten.

Wie wird man U-Boot-Kapitän?

Männer und Frauen, die bei der Marine dienen und sich als Zeitsoldaten verpflichten, können sich im Ausbildungszentrum für U-Boot-Fahrer in Eckernförde unterrichten lassen. Zuvor wird noch ein Gesundheitscheck mit Druckkammertest gemacht.

Zu hoher Druck

U-Boote sind für eine bestimmte Tauchtiefe ausgelegt. Ihr Druckkörper ist Hauptbestandteil des Bootes. Er muss dem Außendruck, der mit der Wassertiefe zunimmt, standhalten können. Der U-Boot-Fahrer darf die vorgegebene Tauchtiefe nicht überschreiten, da sein Boot ansonsten vom Wasserdruck regelrecht zerquetscht wird. Fallen die Tiefenruder aus oder kann über die Ballasttanks kein Auftrieb erzeugt werden, ist ein unkontrolliertes Absinken unvermeidlich.

Explosion an Bord

Immer wieder verunglücken U-Boote aufgrund von Explosionen an Bord. Viele Atom-U-Boote sind mit Torpedos bestückt. Werden die durch einen Schwelbrand außerplanmäßig gezündet, können sie hochgehen und das U-Boot in Stücke reißen. Eine Detonation dieser Waffen nach einem technischen Defekt war wohl auch dafür verantwortlich, dass das russische Atom-U-Boot »Kursk« am 12. August 2000 bei Murmansk sank.

Das Ausland bot Rettungshilfe an, die Russland erst drei Tage später annahm. Die Taucher konnten die 118 Mann starke Besatzung nur noch tot bergen.

Aufgelaufen!

Obwohl U-Boote mit Sonarsystemen bestückt sind, mit denen Gegenstände und Objekte unter Wasser geortet werden können, laufen sie auf Kiesbänken oder Felsen auf, rammen Unterwasserberge, Kriegsschiffe, Fischkutter oder Hochseetanker. Im Februar 2009

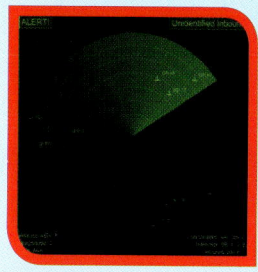

stießen im Atlantik sogar ein französisches und ein englisches Atom-U-Boot zusammen. Da beide nur eine geringe Geschwindigkeit hatten, wurden sie und die nuklearen Antriebsreaktoren nur leicht beschädigt.

Kapitän Nemo

In seinen Romanen »Zwanzigtausend Meilen unter dem Meer« (1869/1870) und »Die geheimnisvolle Insel« (1874/1875) beschreibt der französische Schriftsteller Jules Verne die abenteuerlichen Fahrten des Unterseeboots »Nautilus«, das unter dem Kommando von Kapitän Nemo steht. Nemo hat das Boot für Forschungszwecke, aber auch für seinen persönlichen Rachefeldzug bauen lassen: Mit einem Rammsporn am Bug des Boots zerstört er feindliche Schiffe.

Virologe

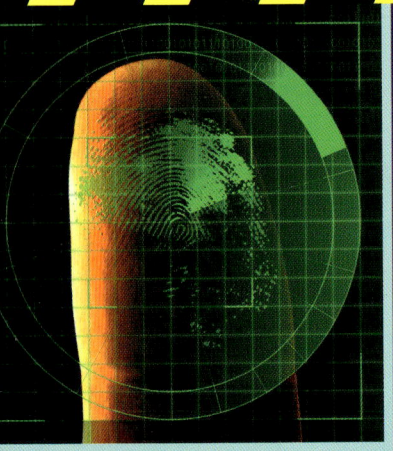

Pest, Ebola, Lassa-Fieber – Virologen begegnen den Viren, die diese Seuchen auslösen, jeden Tag, allerdings im Hochsicherheitslabor und in Schutzanzügen. Ihr Arbeitsplatz liegt in einem Gebäude im Gebäude und ist nur durch mehrere Sicherheitsschleusen zu erreichen. Nur so bleiben die Viren, wo sie sind: unter Verschluss!

Stockholm, London, Lyon und Marburg sind nur einige der Standorte in Europa mit Forschungseinrichtungen, die mit Zahlencodes, Schlüsseln, Transpondern und Chipkarten gesichert sind. Würden es Unbefugte schaffen, die todbringenden Viren aus diesen Laboren zu entwenden und zu verbreiten, könnte eine Epidemie einen großen Teil der Bevölkerung ausrotten.

Heiß, eng, unbequem

Länger als drei bis vier Stunden am Stück hält es keiner der Forscher in seiner Arbeitskleidung aus. Die weißen oder gelben Schutzanzüge mit Atemluftzufuhr sind so dicht, dass einem darin recht heiß wird. Zwar haben sie eine Lüftung, aber die macht ordentlich Lärm. Damit die Virologen ja nicht in direkten Kontakt mit ihren Forschungsobjekten kommen, tragen sie drei Paar Handschuhe übereinander. Trotzdem müssen sie sorgfältig mit Reagenzgläsern umgehen. Bevor sie den Schutzanzug ablegen können, marschieren sie darin durch eine chemische und eine Wasserdusche.

Wie wird man Virologe?

An ein Biologie- oder Medizinstudium schließt sich eine Spezialisierung auf Virologie oder Immunologie an. Dieser Beruf erfordert ein hohes Maß an Disziplin, Achtsamkeit und Zuverlässigkeit.

Völlig dicht

Die hermetisch abgeriegelten Hochsicherheitslabors reinigen die Luft mit speziellen Filtern, damit kein Erreger nach draußen entwischt. In den Räumen herrscht Unterdruck. Bei einem Leck in einer Wand würde zunächst Luft aus der Umgebung eingesogen, Laborluft könnte nicht entweichen. Bestimmte Arbeiten erledigen die Forscher in einem nur durch Gummihandschuhe zugänglichen Kasten. Er ist noch einmal zum Arbeitsraum hin hermetisch und gasdicht abgeschlossen.

Gefahr für die Menschheit?

Wie groß ist das Risiko von Virus-Experimenten nicht für die Virologen, sondern für den Rest der Weltbevölkerung? Was, wenn ein zu Forschungszwecken gentechnisch scharf gemachter Erreger nicht in den Griff zu kriegen ist? Den Vorwurf, Vorlagen für Bio-Waffen zu schaffen, müssen sich die Wissenschaftler immer wieder anhören. Sie beteuern, ihre Versuche deshalb zu machen, um bei etwaigen Attacken das Virus schon zu kennen und rechtzeitig Gegenmittel parat zu haben.

Keine Nachlässigkeiten!

Virologen, die schlampig arbeiten, können sich durchaus selbst infizieren. Da es bei manchen Krankheiten dauert, bis die Ansteckung bemerkt wird, kann die Seuche so unwissentlich weitergetragen werden und sich dann in Windeseile verbreiten. Im September 2003 hatte sich ein junger Doktorand in Singapur mit Viren infiziert, die das Schwere Akute Respiratorische Syndrom (SARS) auslösen. Da es dagegen keinen Impfstoff gab, konnte das Virus Asien monatelang lahmlegen.

Vulkanologe

Ob ein Vulkan wirklich erloschen ist oder doch wieder aktiv werden könnte, das erforschen Vulkanologen. Sie reisen dazu in Gebiete mit feuerspeienden Bergen, um deren Verhalten zu beobachten. Ihre Arbeit findet in Vulkanobservatorien am Schreibtisch statt, aber auch auf dem Vulkan selbst – oben am Krater.

Verschiedene Messinstrumente helfen den Vulkanologen beim Sammeln und Auswerten von Daten, die auf einen Ausbruch hindeuten: Ein Seismometer nimmt Erdbebenwellen wahr, ein Tiltmeter misst, ob ein Vulkanhang steiler wird, weil Magma den Berg aufbläht, und am Spektrometer lassen sich Veränderungen der Gaskonzentration ablesen.

Glühend heiß

Verbrennungen, Atemnot an Gasaustritten oder Verbrühungen an heißen Quellen gehören zu den gängigen Gefahren, denen Vulkanologen bei ihrer Forschungsarbeit am Vulkan selbst ausgesetzt sind. Bei einer Explosion, der meist eine kurze Ruhepause vorangeht, treten neben Aschewolken auch glühende Gesteinsbrocken aus dem Krater aus, die so groß wie ein Kleinwagen sein können. Bei der Flucht vom Hang heißt es vorsichtig sein: Bei einem Sturz kann man sich an scharfkantigen Lavasteinen böse verletzen.

Wie wird man Vulkanologe?

Seine Studienkenntnisse in Chemie, Physik, Mineralogie oder Geologie kann man bei der Erforschung von Vulkanen nutzbar machen. In Ländern mit aktiven Vulkanen wird auch ein Vulkanologie-Studium angeboten.

Gut ausgerüstet

Bei ihren Feldforschungen an aktiven Vulkanen tragen die Wissenschaftler Helm, Gasmaske, Schutzbrille, Lederhandschuhe und alpintaugliche Bergstiefel. Die Hitzestrahlung soll ein aluminiumbeschichteter Hitzeschutzanzug abhalten, auch flammenhemmende Kleidung, wie die Feuerwehr sie trägt, ist sinnvoll. In brennbaren Textilien, wie Fleece und andere Kunstfasern, nähern sich die Forscher Lavaströmen eher nicht.

Vulkanstaub und Lavaströme

Äußerst unangenehm ist ungeheuer feiner und ätzender Ascheregen. Wird er eingeatmet, kann man ersticken. Durch die Feuchtigkeit in der Lunge verbinden sich die winzigen Partikel zur betonharten Masse. Lavaströme fließen gemeinhin so langsam, dass sie Vulkanologen nicht bedrohen. Anders sieht es aus, wenn sich ein Lavasee in einem Hornito gebildet hat: Bricht ein solcher Schlackenkegel plötzlich, kann sich ein Sturzbach aus 500 °C heißer Lava ergießen. Hoffentlich hält man sich dann woanders auf!

Pyroklastische Ströme

Hochgefährlich sind Pyroklastische Ströme. Sie entstehen, wenn an bestimmten Vulkanen Teile des Lavadoms wegbrechen. Riesige Mengen Gas werden frei, auf dem Lavabrocken, Asche und glühende Lava mit bis zu 400 km/h hangabwärts rasen. Selbst erfahrene Vulkanologen sind dann chancenlos: 1991 starben die bekannten Vulkanforscher Harry Glicken, Maurice und Katia Krafft sowie 40 weitere Forscher und Journalisten am Vulkan Unzen in Japan in einer solchen Glutlawine.

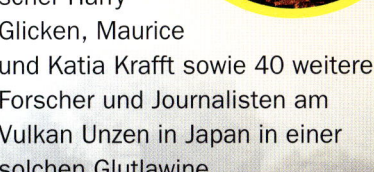

Wildhüter/Ranger

Wildhüter und Ranger bewachen Naturschutzgebiete und Nationalparks, die Pflanzen und Tiere dort. Sie werden in den USA, in Russland und Afrika ebenso eingesetzt wie in den Alpen oder der Eifel. Mit Vorträgen und Seminaren wollen sie das Interesse der Bevölkerung an der Natur wecken.

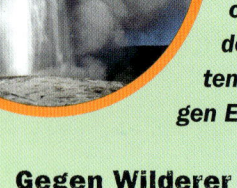

Der Yellowstone Nationalpark war 1872 das erste Schutzgebiet weltweit, in dem sich die Natur wieder weitgehend ohne Eingriffe des Menschen entwickeln durfte. Der erste Ranger, Harry Yount, nahm dort acht Jahre später seine Arbeit auf. Ranger bieten Führungen für Nationalparkbesucher an und pflegen Einrichtungen, wie Wege und Schilder.

Gegen Wilderer

In Afrika sind die Wildhüter fast wie eine Militärgruppe organisiert. Immer wieder müssen sie, notfalls auch mit Waffengewalt, Wilderern das Handwerk legen. Seit 1989 ist der Handel mit Elfenbein verboten. Trotzdem werden weiterhin Elefanten wegen ihrer Stoßzähne gejagt und getötet – auch in Reservaten. Afrikanische Wildhüter zählen den Tierbestand, etwa an Wasserlöchern, kümmern sich um den Buschschutz und behandeln verletzte Tiere. Führen sie Touristen, lehren sie diese die Spuren der Big Five (Elefant, Nashorn, Büffel, Löwe und Leopard) zu erkennen.

Wie wird man Wildhüter/Ranger?

»Geprüfter Natur- und Landschaftspfleger« ist in Deutschland die offizielle Bezeichnung für diesen staatlich anerkannten Beruf. Wer drei Jahre in einem »grünen« Beruf wie Förster, Landwirt oder Gärtner gearbeitet hat, kann die 17-wöchige Fortbildung beginnen.

Bärensichere Boxen

In den Nationalparks in den USA und Kanada haben die Ranger ein besonderes Augenmerk darauf, dass Touristen möglichst nicht in Kontakt mit Grizzly- und Schwarzbären kommen. Sie empfehlen Wanderungen in größeren, lauten Gruppen und stellen bärensichere Abfallcontainer auf. Sollte doch einmal ein Bär gesichtet werden, sperren sie das Gebiet eine Zeit lang für Besucher ab. In Sibirien begleiten bewaffnete Ranger die Besucher durch die dichten Wälder.

»Elektronischer Ranger«

Wer allein durch die Nationalparks oder Naturschutzgebiete wandern möchte, dem kann der »Elektronische Ranger« eine Hilfe sein. Auf diesem kleinen Handcomputer sind Wanderrouten und besondere Naturschönheiten gespeichert. GPS-Signale stellen fest, wo der Wanderer sich befindet, und informieren entsprechend. Gleichzeitig kann der Elektro-Ranger Menschen, die sich verirrt haben, orten und dient als Notfallsystem.

Nicht nur Vögel zählen

In Deutschland haben Wildhüter und Ranger je nach Art des Nationalparks unterschiedliche Aufgaben. Während sie im Nationalpark Wattenmeer Robben, Zug- und Brutvögel erfassen, halten sie im Bayerischen Wald Ausschau nach Wildkatzen, Luchsen und Wölfen. Doch überall gilt: Ertappen sie Besucher beim Müllabladen in der Natur, beim Pflücken geschützter Pflanzen oder abseits der vorgegebenen Wege, können sie ein Bußgeld verhängen oder sie aus dem Schutzgebiet ausweisen.

Wildlife-Fotograf/-Filmer

Porträts von Tieren in ihrem natürlichen Lebensraum halten Tierfotografen und Tierfilmer mit ihren Kameras fest. Sie zeigen so die Schönheit der Mitgeschöpfe des Menschen, geben aber auch Einblick in deren Lebensweise und ihr Verhalten. In manchen Fällen rufen sie auch zu ihrem Schutz auf.

Besonders gute Bilder bekommen die Fotografen und Filmer, wenn sie sehr nah an die Tiere herankommen. Einige tarnen sich dafür so, dass sie in der Landschaft nicht mehr auffallen. Andere durchstreifen offen die Natur, bereit für die Begegnung mit dem Tier. Zoologisches Wissen und gesunder Menschenverstand schützen sie vor groben Fehlern.

Verhalten lesen

Tödlicher Leichtsinn ist es, sich den Tieren zu nähern, ohne Kenntnisse über ihr Verhalten zu haben. So sollten Fotografen und Filmer keinesfalls den Jungen von Grizzly-Bären nachstellen, wenn sie nicht wissen, wo sich die Mutter befindet. Elefantenbullen bekommen einmal im Jahr ihre »Musth«, eine Art Testosteronschub, der mehrere Monate andauern kann. Sie sind dann besonders aggressiv und können alles niedertrampeln – auch Fotografen und Filmer.

»Ein Platz für Tiere«

So hieß die beliebte Fernsehsendung des Zoologen und berühmten Tierfilmers Bernhard Grzimek (1909–1987). Sie wurde 1956–1980 vom Hessischen Rundfunk ausgestrahlt und brachte vielen Menschen das Verhalten wilder Tiere näher. Mit seinem Dokumentarfilm »Serengeti darf nicht sterben«, für den Grzimek 1960 einen Oscar bekam, machte er auf die drohende Zerstörung eines der letzten Tierparadiese in Ostafrika aufmerksam.

Gefahreneinstufung:
Gut fährt, wer immer
das Unerwartete erwartet.

Wie wird man Wildlife-Fotograf/Filmer?

Am Anfang steht eine Ausbildung zum Fotografen/zur Fotografin oder zum Kameramann/zur Kamerafrau. Dabei kann der Schwerpunkt bereits auf Tierfotografie liegen. Das Know-how für die Wildnis sammelt man beim Tun.

Den Moment einfangen

Naturfotografen und Tierfilmer kennen die Orte, an denen bestimmte Tiere zu einer gewissen Zeit auftauchen werden. Dort bauen sie sich auf und bringen sehr viel Geduld mit – für den einen Augenblick, der ihr geübtes Auge dann quasi anspringt. Je nach Land und Klimazone kann das Warten sehr beschwerlich sein: An den Polarkreisen ist mit schlechtem Wetter und Eiseskälte zu kämpfen. In Afrika oder in tropischen Regionen können Hitze, Staub und lästige Insekten, wie Moskitos, oder anderes bedrohliches Getier, etwa Skorpione oder Schlangen, das Ganze recht mühsam machen.

Vater der Unterwasserfilme

Viele Filme und Fotografien vom Leben in den Ozeanen würde es ohne den berühmten französischen Meeresforscher Jacques-Yves Cousteau (1910–1997) nicht geben. Um seine Leidenschaft für die Tiefseebewohner teilen zu können, entwickelte er die Aqualunge mit. Auch verschiedene Geräte für die Unterwasserfotografie, darunter eine tiefseetaugliche Kamera, gehen auf seine Ideen zurück. Er drehte 100 Filme, darunter »Welt der Stille«, und gründete eine Stiftung zum Schutz der Meere.

Zirkusberufe

Mit ihren Auftritten in der Manege schenken sie den Zuschauern Freude, Staunen, Spannung und Nervenkitzel: Akrobaten, Dompteure und Dresseure. Während die einen hoch oben in der Luft waghalsige Sprünge vollführen, lassen die anderen Raubkatzen durch Ringe springen oder turnen auf Elefanten und Pferden.

Bei ihren spektakulären Aktionen tragen sie – obwohl sie hoch konzentriert sind – ihr schönstes Lächeln zur Schau. Die innere Anspannung sollen die Zuschauer ihnen nicht anmerken, denn die Darbietungen sollen das Publikum ja unterhalten. Möglich ist das, weil die Zirkusartisten ihre Vorführungen mit viel Disziplin minutiös einüben.

Salto mortale

Ein Luftakrobat muss sich ein besonders gutes Gefühl für den richtigen Zeitpunkt zum Absprung aneignen. Nur so erwischt er ein ihm entgegenschwingendes leeres Trapez oder die Hände eines Fängers. Komplizierter wird das Ganze, wenn sein Sprung noch Drehungen oder einen drei- bis vierfachen Salto umfasst. Dass eine 100-fach geübte Nummer gut geht, dafür gibt es keine Garantie. Und selbst bei einem Absturz ins Netz können sich die Artisten schwer bis tödlich verletzen, je nachdem, wie sie aufkommen.

Keine Angst zeigen

Man braucht unglaublich starke Nerven, um Raubkatzen zu dressieren und zu ihnen in den Käfig zu steigen. Auch wenn sie auf Podesten Männchen machen oder durch brennende Reifen springen – ein Dompteur darf nie vergessen, dass selbst ein gezähmtes Raubtier noch immer seinen Urinstinkten folgt. Kleinste Veränderungen im Verhalten eines Löwen oder Tigers wahrzunehmen

Wie kommt man zum Zirkus?

Die meisten Menschen, die beim Zirkus arbeiten, sind in dieses Milieu hineingeboren worden und trainieren ihre Nummern von Kindesbeinen an. Akrobatik, Trapez, Drahtseil und Jonglieren kann man aber auch an der Artistenschule in Berlin lernen.

Feuriger Atem

In kleineren Zirkusarenen treten noch Feuerspucker oder -schlucker auf. Sie prusten brennbare Flüssigkeit in eine Fackel, die dann dramatisch auflodert. Dabei müssen sie aufpassen, nicht ihre Kleidung in Brand zu setzen oder sich selbst zu verbrennen. Sollten sie aus Versehen das Brandmittel schlucken, kann es zu Vergiftungserscheinungen kommen. Mit Atemnot und einer Lungenentzündung müssen sie rechnen, wenn sie den Brennstoff unabsichtlich einatmen.

und ohne Angst zu reagieren, kann lebensrettend sein. Stolpert ein Tierbändiger und fällt hin, hat er schlechte Karten: Die Tiere können ihn zerfleischen.

Dickhäuter und wilde Reiter

Auch für die Dressur von Elefanten braucht der Dompteur eine gute Beobachtungsgabe und Einfühlungsvermögen. Außerdem muss er darauf achten, den Kolossen nicht unter die Füße zu geraten. Dasselbe gilt für die rasanten Darbietungen mit Pferden, etwa wenn Artisten auf dem Rücken der galoppierenden Tiere stehen oder sich dort zu Pyramiden aufbauen. Stürzt ein Akrobat im vollen Lauf, kann er sich nicht nur das Genick brechen, auch die Pferdehufe werden ihn empfindlich verletzen.

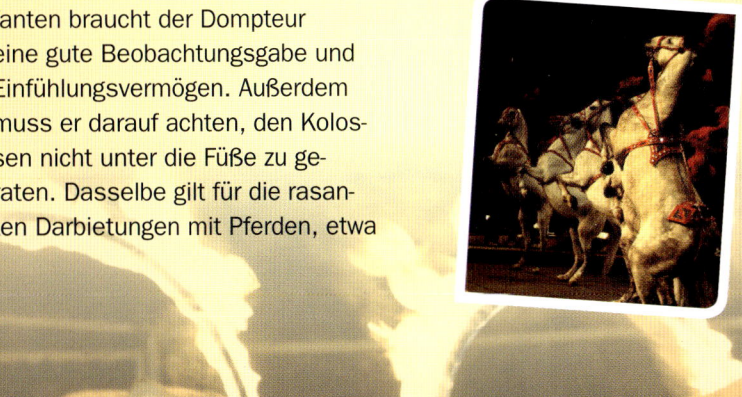

Bildnachweis

© 2012 arsEdition GmbH, München
Alle Rechte vorbehalten
Text: Petra Bachmann
ISBN 978-3-7607-8683-4

www.arsedition.de